¡Avance! 1

Colin Christie Anneli McLachlan Eleanor Mayes

Hodder Murray
A MEMBER OF THE HODDER HEADLINE GROUP

The authors would like to thank: David Buckland, Sue Crooks, Seth Finegan, Ann Harries, Alex Harvey, Chris Lillington, Katherine Pageon, Elliott School, Matthew Thompson, Tim Weiss and Kevin White.

Acknowledgements
Cover photo: © Stone, Getty Images

The authors and publishers would like to thank the following for permission to reproduce photographs: ©Actionplus, pp2, 22, 37, 41, 100; ©Tim Rooke/Rex Features, p2; ©James Gray/Rex Features, p2; ©Crollalanza/Rex Features, p2; © Ronald Grant Archive, pp2, 3, 41, 43, 45, 66, 104; ©Julian Makey/Rex Features, p2; ©Eon Productions /Ronald Grant Archive, p3; ©Matthew Driver/Moat Photography, pp7, 14, 15, 25, 28, 29, 45, 57, 75, 89, 98, 110, 112, 117, 122, 125; © Charlie Gray, pp14, 28, 42, 45, 57, 75, 110, 112, 117 ; ©Catherine Weiss, pp14, 22, 45, 57, 75, 117; ©Tim Fisher /Life File, p14; ©Duomo/Corbis, p28; ©Sally-Ann Fison/Life File, p28; ©Emma Lee/Life File, pp37, 46; ©SIPA Press/Rex Features, p37; ©Matt Baron/BEI/Rex Features, p37; ©Nils Jorgensen/Rex Features, pp37, 106; ©Jeremy Hoare/Life File, pp42, 80; ©Corbis, p22; ©Hergé/Moulinsart 2003, p45; ©Still Pictures, p46; ©Andrew Ward/Life File, pp46, 63, 95, 99; ©Fraser Ralston/Life File, pp46, 63; ©The Kobal Collection/20th Century Fox Television/Feingold Deborah, p70; © John Dakers/Life File, p80; ©Jean Leo Dugast/Panos Pictures, p80.

All efforts have been made to contact copyright holders. In the few cases where copyright holders could not be traced, due acknowledgement will be given in future reprints if the copyright holders make themselves known to the publishers.

Orders: please contact Bookpoint Ltd, 130 Milton Park, Abingdon, Oxon OX14 4SB. Telephone: (44) 01235 827720, Fax: (44) 01235 400454. Lines are open from 9.00 - 6.00, Monday to Saturday, with a 24 hour message answering service. You can also order through our website at www.hoddereducation.co.uk.

British Library Cataloguing in Publication Data
A catalogue record for this title is available from The British Library

ISBN-10: 0 340 81164 1
ISBN-13: 978 0 340 81164 1

First published 2003
Impression number 10 9 8 7 6 5
Year 2006 2005

Typeset by Pantek Arts Ltd, Maidstone, Kent.
Printed in Italy for Hodder Murray, an imprint of Hodder Education, a member of the Hodder Headline Group, 338 Euston Road, London NW1 3BH.

CONTENTS

Unit 3: Chez moi 44

Unit 4: En ville et à la maison 64

Unit 5: Une journée 84

Unit 6: On s'amuse! 102

Instructions

The instructions for the activities in **Avance!** are all in French. We've given you the English too in the first three Units – after that it's up to you! If you need to check what the instructions mean, here is a list of the main ones you'll meet:

• **C'est quel numéro/quelle lettre?**	What number/letter is it?
• **C'est quelle phrase?**	Which sentence is it?
• **C'est qui?**	Who is it?
• **C'est quoi en français/anglais?**	What is it in French/English?
• **Cherche dans un dictionnaire**	Look in a dictionary
• **Cherche l'intrus**	Look for the odd one out
• **Choisis la réponse correcte**	Choose the correct answer
• **Comment ça s'écrit?**	How do you spell...?
• **Comment dire...?**	How do you say...?
• **Complète ces mots/phrases**	Complete these words/sentences
• **Complète la grille**	Complete the grid
• **Copie ce tableau/les phrases**	Copy this table/the sentences
• **Corrige les fautes**	Correct the mistakes
• **Devine...**	Guess...
• **Dis...**	Say...
• **Écoute...**	Listen...
• **Écris (1 à 10/la bonne lettre)**	Write (1 to 10/the correct letter)
• **Fais des phrases**	Write sentences
• **Fais un sondage/une conversation**	Do a survey/a conversation
• **Jouez au morpion!**	Play noughts and crosses!
• **Lie le français et l'anglais**	Match up the French to the English
• **Lis...**	Read...
• **Mets ces phrases dans le bon ordre**	Put these sentences into the right order
• **Mets les mots dans la bonne colonne**	Put these words into the right column
• **Pose des questions**	Ask questions
• **Qu'est-ce qu'ils disent?**	What are they saying?
• **Regarde les images**	Look at the pictures
• **Remplis les blancs**	Fill in the gaps
• **Répétez**	Repeat
• **Travaille avec un partenaire**	Work with a partner
• **Travaillez à trois**	Work in a three
• **Trouve l'anglais/le français**	Find the English/French

Salut!

That means **'hi!'** in French.

Welcome to **Avance!**, your new French course.
This letter is in English, but throughout the book, as you become more confident, we will use more and more French.

As you learn French, you will come across many of the words and ideas that you met in your work on literacy in your primary school. This will help you to become a better language learner. You will learn about sounds and spellings and structures and also about places and people.

Your lessons will follow the same order as many of your primary lessons. You need to be ready to learn, so there's a starter activity:

ON COMMENCE! – LET'S START!

All of the lessons in **Avance!** start with an activity to warm you up! Remember from now on, that **On commence** means 'Let's start'.
Then, you move on to the serious learning:

ON APPREND – LET'S LEARN

Remember that **On apprend** means 'Let's learn'.

In the course of your learning, you'll find these boxes:

J'AVANCE – I AM MAKING PROGRESS

These boxes come up throughout **Avance!** They are designed to help you with your learning. Make sure you read them very carefully. Sometimes, we ask you to do things against the clock **Contre la montre!**, or as a memory challenge – **Test de mémoire.**

At the end of each lesson, it's time for reflection:

ON RÉFLÉCHIT! – LET'S REFLECT!

Remember that **On réfléchit** means 'Let's reflect'.

Don't just think that learning French takes place in the classroom. You can learn and practise at home too.
All the activities in **Avance!** are designed to help you to learn and make progress.
We hope that you will enjoy learning through **Avance! Bonne chance!**

Colin Christie *Anneli McLachlan* *Eleanor Mayes*

UNIT 1

ON Y VA!

A Je m'appelle ...

Learning objective

You will start to get used to French pronunciation.
You will learn how to say your name and where you live.

ON COMMENCE!

Écoutez!

How many of these words are French? Cover the words over as you hear them.

intelligent rugby super musique vidéo football film table radio internet

ON APPREND

1 Écoutez et lisez!

Qu'est-ce qu'ils disent?

Listen and read! What are they saying?

- Je m'appelle William. J'habite à Windsor.
- Je m'appelle Stella McCartney. J'habite à Londres.
- Je m'appelle David Beckham. J'habite à Manchester.
- Je m'appelle Jennifer Aniston. J'habite à Los Angeles.
- Je m'appelle Nelson Mandela. J'habite à Cape Town.
- Je m'appelle Thierry Henry. J'habite à Londres.
- Je m'appelle Spiderman. J'habite à New York.
- Je m'appelle Félix le chat. J'habite à Paris.

J'AVANCE

je means I in French. It is the first French personal pronoun you have come across.

Je m'appelle = I am called
J'habite = I live

Here, the 'e' of je is replaced by an apostrophe because the next word starts with 'h' and the 'h' is not sounded in French.

A pronoun is a word, which replaces a noun – eg. I, you, he, she, they…
En français 'pronoun' = pronom

La prononciation!
Pictures can often help you to remember things!

Je 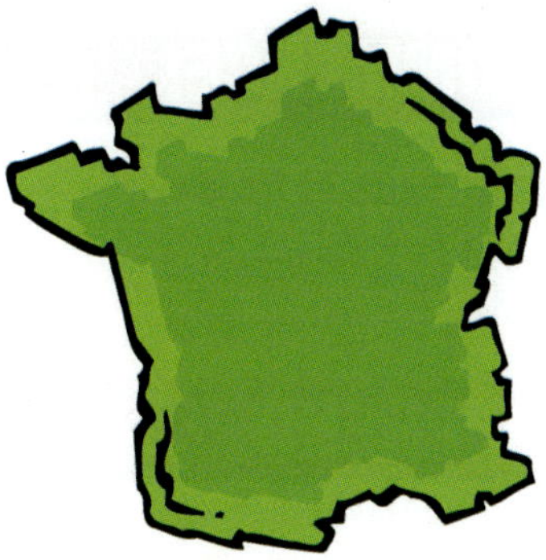 + L

= je m'appelle

2 Parlez!

Que dis-tu? Voici un modèle. *Je m'appelle Elizabeth. J'habite à Buckingham Palace.*
Speak! What would you say?

NOM: Harry Potter
DOMICILE: Poudlard

NOM: Robbie Williams
DOMICILE: Los Angeles

NOM: James Bond
DOMICILE: Londres

NOM: Lara Croft
DOMICILE: Croft Towers

3 Écrivez!

Mets ces phrases dans le bon ordre!
Write! Put these sentences into the right order!

je appelle habite Paris m' à j' Céline
j' je habite Charles à appelle m' Marseille
m' je appelle à Calais Marie habite j'
Porto-Novo je Falone m' j' à appelle habite

ON RÉFLÉCHIT!

Parlez! Pratique cette conversation avec un partenaire. Ensuite réponds aux questions.
Practise this conversation with a partner.

A – Comment t'appelles-tu?
B – Je m'appelle Yannick.
A – Où habites-tu?
B – J'habite à Toulouse.

Which French pronoun have you learnt?
Which useful sentences have you learnt?
Can you think of ways to help you to remember the sound and spelling of your useful sentences?

B Ça va?

Learning objective

You will come across some common sound patterns and also some accents.
You will learn how to ask someone how they are.

ON COMMENCE!

C'est quoi pour vous la France?

What everyday words do you hear that are French? Think of cars, food, clothes, footballers, athletes, expressions… Make a list as long as you can!

ON APPREND

1 Écoutez!

Écoute et lis ces conversations!

Listen, and read these conversations!

a.

b.

Bonjour! Ça va?
Ça va bien, merci.
Non! Ça ne va pas du tout bien. Toi, ça va?
Au revoir! Je rentre.

2 Parlez!

Test de mémoire! Travaille avec un partenaire. Pratique les conversations.

Speak! Test your memory. Work with a partner. Practise the conversations.

3 Écrivez!

Trouve le français.

Write! Find the French for:

Exemple: *a. Bonjour*

a. hello
b. yes
c. very
d. and
e. how's it going/how are you?
f. well
g. thank you
h. bye
i. see you soon
j. not at all well

J'AVANCE

You are now learning French sounds and you should try to remember the sounds and spellings of words. Have you noticed that there are dashes above and below some of the letters in the conversation we have just heard? These are called accents.

é and è are actually different letters and must be pronounced in different ways.
é = e aigu or e acute and is pronounced "ay" eg. écrivez! = write!
è = e grave and is pronounced "eh" eg. très = very

(To help you remember think that you lean forward with *acute* stomach ache and lie back if you are *gravely* ill)

Another accent which changes the sound of the word is the ç, which changes the c sound from "k" to "s"

eg. Ça va? "sa va"
Calais "kaleh"

4 Écrivez!

Copie la conversation et remplis les blancs.

Copy the conversation and fill in the gaps.

Bonj__r! _a va?
Oui! Ça va tr_s bien. Et t__, ça va?
Ça va b__n, merci.
Au rev_ir! À bientôt.

5 Parlez!

Travaille avec un partenaire. Fais une conversation!

A – Bonjour! Ça va?
B – Oui! Ça va très bien. Et toi, ça va?
A – Ça va bien, merci. Je m'appelle______________.
J'habite à _________. Et toi?
B – Je m'appelle______________. J'habite à ________.
A – Au revoir! À bientôt.
B – Au revoir! À bientôt.

ON RÉFLÉCHIT!

a. Écoutez et répétez!

Listen and repeat.

Écoute, répète, évite les erreurs.
Écris, apprends ça va les gars!

What are the names of these accents? What do they do in the rhyme you have just heard?

é è ç

b. Contre la montre! Apprends ces phrases par cœur!

Learn these rhymes by heart!

G Des phrases utiles en classe!

Learning objective

You will learn some singular and plural instructions.
You will start to learn words and phrases to use in class.

ON COMMENCE!

Travaille avec un partenaire! *Make a list of all of the instructions in English that a French teacher might give you in the course of a normal lesson. Eg. Listen…*

ON APPREND

1 Écoutez et répétez!

Listen and repeat.

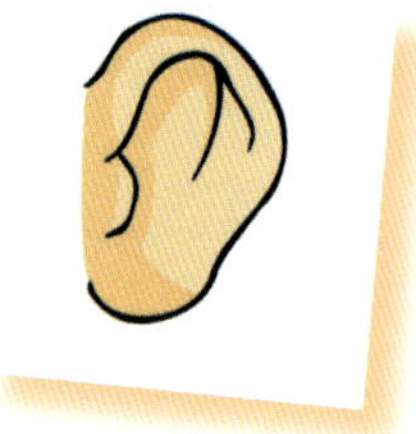

Écoutez

Regardez

Lisez

Écrivez

Parlez

Travaillez avec un partenaire

Prenez les cahiers

2 Parlez!

Avec un partenaire, lis ces instructions!

With a partner, read out the instructions!

3 Parlez!

Test de mémoire. Cache les instructions. Dis-les!

Now cover up the instructions. How many can you remember?

4 Écoutez!

Écris 1 à 5. C'est singulier ou pluriel? Écris s ou p!

Write down 1 to 5. Is it singular or plural? Write s or p!

Exemple: 1. s

J'AVANCE

What letters do all of these instructions finish in? What letters do all of the main instructions in *Avance* finish in?

ÉcoutEZ RegardEZ LisEZ ÉcrivEZ ParlEZ

Remember! '-ez' is pronounced "ay"!

They all finish in '-ez' because most of the time teachers are talking to more than one person. If your teacher talks to one individual person rather than the whole class, you'll hear:

Écoute! Regarde! Lis! Écris! Parle!

5 Écrivez!

C'est singulier ou pluriel? Mets les instructions dans la bonne colonne!

Are these instructions singular or plural? Put them into the right column!

regarde écrivez regardez écoute lis travaillez travaille

Singulier	Pluriel
regarde	

6 Écoutez et lisez!

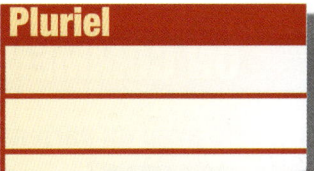

Écoute ce poème, puis lie le français et l'anglais. Exemple: *1. d*

Listen to this poem then match up the French and the English.

1. La professeur dit 'Regardez!' et les enfants regardent…	**a.** The teacher says 'Listen!' and the children listen…
2. La professeur dit 'Travaillez!' et les enfants travaillent…	**b.** The teacher says 'Read!' and the children read…
3. La professeur dit 'Lisez!' et les enfants lisent…	**c.** The teacher says 'Goodbye!' and the children go off happily!
4. La professeur dit 'Écoutez!' et les enfants écoutent…	**d.** The teacher says 'Look!' and the children look…
5. La professeur dit 'Parlez!' et les enfants parlent…	**e.** The teacher says 'Work!' and the children work…
6. La professeur dit 'Au revoir!' et les enfants s'en vont heureux!	**f.** The teacher says 'Speak!' and the children speak…

ON RÉFLÉCHIT!

C'est un nom ou c'est un verbe? Copie ce tableau et remplis-le en regardant les phrases dans la case!

Copy this table and fill it in with the phrases from the box below!

les noms – nouns	les verbes – verbs
la radio	*on commence*

nom = noun, somebody or something
verbe = verb, a 'doing' or 'being' word

on commence j'habite je m'appelle la radio le football écrivez la télé le rugby écoutez l'internet

D Un, deux, trois…

Learning objective

You will learn some French sound patterns.
You will learn the names of some animals and the numbers from one to twelve.

ON COMMENCE!

Travaille avec un partenaire! C'est correct ou ce n'est pas correct?

Work with a partner! Are these words spelt correctly or not?

Exemple: *Bonjour – c'est correct!*

bonjour tres jabeet au revwa Oii bein merci je m'apple

ON APPREND

1 Écoutez et lisez!

Listen and read! Why are there lots of letters underlined in the list of numbers and animals you have just heard?

un insecte

deux dauphins

trois tigres

quatre crocodiles

cinq serpents

six salamandres

sept buffles

huit hippopotames

neuf lions

dix girafes

onze orangs-outans

douze éléphants

Because in French, you don't pronounce some letters, often at the end of words. When you meet these silent letters, you should underline them when you copy them down so that you know not to pronounce them when you say that word!

2 Écoutez!

C'est quelle numéro? Écris A à L.

What number is it?

Exemple: *A3*

11 2 10 1 8 4

7 9 3 5 12 6

3 Parlez!

Travaille avec un partenaire. Test de mémoire! Apprends les numéros et les animaux. Regarde la liste. Couvre-la. Vérifie.

Work with a partner. Memory game! Learn the numbers and the animals. Study the list, then cover it over. Check back if you need to.

4 Écrivez!

Copie et remplis les blancs!

Copy the list and fill in the gaps.

Exemple: un insecte

u_ insecte	se_t buffles
d__x dauphins	h__t hippopotames
tr__s tigres	n__f lions
q__tre serpents	d_x girafes
c__q crocodiles	__ ze orangs-outans
s_x salamandres	d__ze éléphants

J'AVANCE

Think about the words in activity 6. How would you pronounce these sounds?

er ez i oi qu ui

Start to make a list of French sounds so that when you meet a new word, you'll be able to work out how to pronounce it. French is a lot more regular than English, so once you've got your spellings under your belt, you'll find it a lot easier.

Did you notice too, that in cahier, the 'h' is not pronounced? Nor in huit. Remember J'habite from earlier in this unit.

5 Écoutez!

C'est quel numéro? Exemple: 1. a

What number is it?

1. (a) deux (b) douze
2. (a) un (b) onze
3. (a) six (b) dix
4. (a) deux (b) dix
5. (a) dix (b) douze

6 Parlez!

Travaille avec un partenaire. Lie le français et l'anglais. Comment prononcer ces mots?

Work with a partner. Match up the French to the English. How do you pronounce these words?

Exemple: cahier = exercise book

cahier	yes
huit	three
oui	four
six	eight
dix	exercise book
au revoir	six
écoutez	ten
quatre	goodbye
trois	listen

ON RÉFLÉCHIT!

Travaille avec un partenaire. Pratique cette conversation. Attention à la prononciation! À la fin, changez de rôle.

Work with a partner. Practise this conversation. Watch your pronunciation! Change roles when you've finished.

A – Bonjour, comment t'appelles-tu?
B – Je m'appelle Léo le lion.
A – Où habites-tu?
B – J'habite à Ouagadougou.
A – Ça va Léo?
B – Ça va très bien, merci.
A – Au revoir Léo!
B – Au revoir!

E Masculin ou féminin?

Learning objective

You will learn about the gender of different nouns in French.
You will learn more useful classroom words.

ON COMMENCE!

Mets ces mots dans l'ordre alphabétique.

bonjour je moi douze au revoir trois toi à très

ON APPREND

1 Écoutez et lisez!

Listen to the tape and look at the pictures below.

un garçon

une fille

un bébé

une gomme

un stylo

une règle

J'AVANCE

Did you notice that there are two different words for 'a' or 'an' in French?

une fille – a girl **un garçon – a boy**

This is because French nouns show their gender, whether they are masculine or feminine. With 'girl' and 'boy', it's obvious that 'girl' will be feminine – 'une' – and 'boy' will be masculine – 'un'. Is it so obvious with the other words? Not really. So we have to learn the gender of nouns. There are some rules to help us. We'll learn them as we go along.

2 Écoutez!

Écris 1 à 8. Mets ces mots dans le bon ordre! C'est masculin ou féminin? Exemple: 1. b

Write 1 to 8. Put these words in the order in which you hear them. Are they masculine or feminine?

a. un crayon

b. une trousse

c. une paire de ciseaux

d. un stylo noir

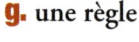

e. un bâton de colle

f. un stylo rouge

g. une règle

h. une gomme

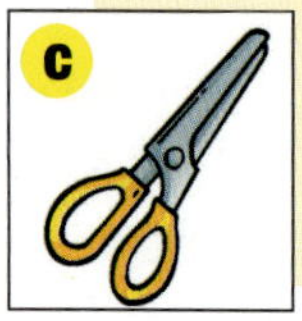

3 Parlez!

Travaille avec un partenaire! C'est masculin ou féminin?

*Work with a partner. Are these objects masculine or feminine? Say '**un**' or '**une**'. Say the French too, if you can remember.*

a 
b 
c 
d 
e 
f 
g 
h 

4 Écoutez!

Tu as un crayon?

Listen. Look at the pictures a–h in activity 3. What are these pupils asking for?

Exemple: 1. h

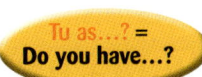

Tu as…? = **Do you have…?**

5 Parlez!

Travaille avec un partenaire. Regarde les images de l'activité 3. Fais des conversations.

Work with a partner. Look at the pictures in activity 3. Make conversations.

Exemple:
A – Tu as un crayon?
B – Oui, voilà.
A – Tu as une gomme?
B – Non, désolé.

6 Écrivez!

Cherche le sens et le genre de ces mots dans un dictionnaire ou la section 'Vocabulaire' dans *Avance*!

*Use a dictionary or the '**Avance**' word list to find the meaning and gender of these words.*

Exemple: classe (f) = class

classe, table, professeur, collège, livre, école, chaise, cours

If you see (m) in the dictionary, it means masculine, so the word for 'a' will be 'un'. If you see (f), it means feminine, so the word will be 'une'.

ON RÉFLÉCHIT!

a. Écrivez! Mets ces questions dans le bon ordre.

Write! Put these questions in the right order.

Exemple: Tu as un crayon?

tu	un	crayon	as			?
as	tu	stylo	un			?
règle	une	tu	as			?
un	tu	as	de	colle	bâton	?
as	tu	gomme	une			?

b. *Make a list of words which you think should obviously be masculine or feminine in French. Which words have you been surprised by?*

F Singulier ou pluriel?

Learning objective

You will learn how to form plural nouns in French. You will also learn the colours in French.

ON COMMENCE!

Les animaux! Travaille avec un partenaire. Comment prononcer ces mots? Mets-les dans le bon ordre de 'deux' à 'douze'.

Animals! Work with a partner. How do you pronounce these words? Put them into numerical order.

quatre crocodiles, dix girafes, six salamandres, neuf lions, trois tigres, huit hippopotames, cinq serpents, deux dauphins, onze orangs-outans, sept buffles, douze éléphants

ON APPREND

1 Écoutez!

Écris 1 à 6. C'est masculin, féminin ou pluriel? Le, la ou les?

*Write down 1 to 6. Is it masculine, feminine or plural? **Le**, **la** or **les**?*

Exemple: 1. la

J'AVANCE

Nouns can be singular (only one) or plural (more than one)!

We have learnt that there are two different words for 'a' or 'an' in French:

un garçon – a boy   une fille – a girl

There are three different words for 'the':

Singular Masculine/ Singulier Masculin	Singular Feminine/ Singulier Féminin	Plural – Masculine/Feminine Pluriel – Masculin/Féminin
le garçon – the boy	la fille – the girl	les garçons – the boys les filles – the girls

For singular words beginning with a vowel, le or la becomes l':

eg.: l'école = the school

Remember, most French plurals have a silent 's' at the end. The word les pronounced "lay" is a useful marker that you are dealing with something that is plural not singular.

2 Écrivez!

Au singulier! Tous les mots dans l'activité 'on commence' sont des mots masculins à part 'girafe' et 'salamandre'. Comment dire alors…? Fais toute la liste en français.

Singular! All of the words in your starter list are masculine, apart from giraffe and salamander. Write the whole list in the singular in French!

Exemple: The dolphin = Le dauphin

the dolphin, the tiger, the giraffe, etc.

3 Écoutez et répétez!

Voici des couleurs! *Listen and repeat. Here are some colours!*

4 Parlez!

Test de mémoire. Travaille avec un partenaire. Dis les couleurs!
Speak! Memory test. Work with a partner. Say the colours.
Colours are adjectives.

An adjective is a word that describes somebody or something –eg. busy, boring…

5 Lisez!

Écris 1 à 8. Lie le français et les images correctes. Exemple: *1. e*
Write down 1 to 8. Match up the French to the correct picture.

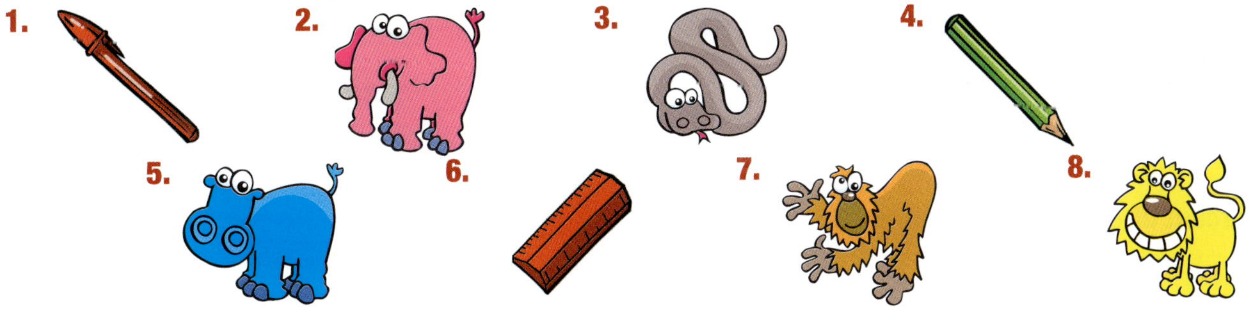

a. un hippopotame bleu
b. un éléphant rose
c. un orang-outan orange
d. un crayon vert
e. un stylo rouge
f. un lion jaune
g. un serpent mauve
h. une règle rouge

ON RÉFLÉCHIT!

Écrivez! Copie ces phrases et remplis les blancs! Attention aux adjectifs.
Write! Copy these sentences and fill in the gaps. Watch out for the adjectives.
Exemple: *1. Le stylo est bleu.*

1. Le stylo est ____.
2. __ règle est verte.
3. Le crayon est ____.
4. La ________ est mauve.
5. Les gommes sont _____.
6. Le bâton de colle est _____.

la trousse jaune
gris roses bleu

G Ton anniversaire, c'est quand?

Learning objective

You will learn how to say how old you are and when your birthday is.

ON COMMENCE!

C'est quoi en anglais? Comment prononcer les mots? Quel est le bon ordre?

What's that in English? How do you pronounce it? What order do you think they come in?

Exemple: janvier = january

juillet mai mars septembre janvier octobre février décembre novembre juin avril août

ON APPREND

1 Parlez!

Travaille avec un partenaire. Voici les numéros de 13 à 22. Mets-les dans le bon ordre.

Work with a partner. Here are the numbers from 13 to 22. Put them in the correct order!

Exemple: 13 = treize

dix-neuf dix-sept dix-huit quatorze quinze vingt et un treize vingt seize vingt-deux

2 Parlez!

Comment dire 23 à 29? Exemple: 23 = vingt-trois

Speak! Can you work out how to say 23 to 29?

3 Écoutez!

Écris 1 à 5. Ils ont quel âge? Exemple: 1. d

Listen! How old are they?

a. b. c. d. e.

4 Parlez!

Travaille avec un partenaire. Fais la conversation, puis change de rôle.

Speak! Work with a partner. Do the conversation, then change role.

A – Tu as quel âge? **B** – J'ai … ans.

J'AVANCE

When you are saying your age in French, you use the verb 'to have' rather than 'to be' as we do in English.

So you are saying literally 'I have twelve years' – J'ai douze ans.

Languages work differently. Think of this as the French way.

You'll learn more about the verb 'to have' in the next unit.

5 Écrivez!

Voici 30 et 31! Écris 32 à 39. *Here are 30 and 31. Write out 32 to 39.*

30 = trente **31 = trente et un**

6 Écoutez!

Écris 1 à 5. Ton anniversaire, c'est quand?
Listen. Write down 1 to 5. When is your birthday?
Exemple: *1. d*

a. 12/1
b. 9/8
c. 13/3
d. 14/6
e. 21/2

7 Parlez!

a. Travaille avec un partenaire. Pose la question:
Speak! Work with a partner. Ask the question:
A – Ton anniversaire, c'est quand?
B – Mon anniversaire, c'est le…

b. Fais un sondage sur les anniversaires en classe.
Do a class survey on birthdays.

ON RÉFLÉCHIT!

Écrivez!
Mets ces phrases dans le bon ordre.
Write! Put these sentences into the right order.
Exemple:
Mon anniversaire, c'est le deux mai.

deux Mon c'est anniversaire le mai
Mon octobre anniversaire le c'est dix
cinq Mon le anniversaire novembre c'est
anniversaire c'est janvier vingt-huit Mon le
c'est anniversaire Ton quand ?
Mon c'est le anniversaire mars trente

H On apprend les mots et l'alphabet!

Learning objective

You will learn how to memorise the spelling, sound and meaning of words.
You will learn the days of the week and the French alphabet.

ON COMMENCE!

Contre la montre! Apprends comment écrire ces mots en une minute!

Against the clock! Learn how to spell these words in one minute!

chat – cat

zèbre – zebra

perroquet – parrot

souris – mouse

chien – dog

ON APPREND

J'AVANCE

How did you do in your starter? What did you do? Did you:

– look – say – cover – write – check

This is a good way of learning new spellings. Try it again using this method.

Did you use the pictures to help you remember?

Using pictures can often help you to remember words.
Try these!

un singe

un flamant rose

1 Écoutez!

Écoute les jours de la semaine! Mets-les dans le bon ordre.

Listen! Listen to the days of the week. Put them into the right order.

mercredi samedi vendredi lundi dimanche jeudi mardi

2 Parlez!

Dis les jours de la semaine!

Say the days of the week!

Octobre

lu	ma	me	je	ve	sa	di
6	7	8	9	10	11	12

3 Lisez!

Refais les jours cassés.

Read! Put the broken days of the week together again.

lu	rdi
ma	manche
merc	udi
je	redi
ven	ndi
same	dredi
di	di

4 Écoutez!

Chante cette chanson!

Listen! Sing this song!

A	B	C	D	E	F	G
ah	bay	say	day	euh	eff	jay
H	I	J	K	L	M	N
ash	ee	jee	kar	ell	emm	enn
O	P	Q	R	S	T	U
oh	pay	koo	air	ess	tay	u
V	W		X	Y		Z
vay	doobla vay		icks	ee grec		zed

Avec é c'est l'alphabet!

5 Écoutez!

Écris 1 à 8. Qu'est-ce que c'est? Comment ça s'écrit? Exemple: 1. T-R-O-U-S-S-E = trousse = b

Listen! Write down 1 to 8. What is it? How is that spelt?

a.

b.

c.

d.

e. 6

f. 20

g.

h.

6 Parlez!

Travaille avec un partenaire. Regarde les images de l'activité 5. Comment ça s'écrit?

Speak! Work with a partner. Look at the pictures for activity 5. How do you spell it?

Exemple: **A** – d, comment ça s'écrit? **B** – S-E-R-P-E-N-T

ON RÉFLÉCHIT!

a. Parlez!

Travaille avec un partenaire. Les jours de la semaine, comment ça s'écrit?

Speak! Work with a partner. How do you spell the days of the week?

lundi mardi mercredi jeudi vendredi samedi dimanche

b. Parlez!

Travaille avec un partenaire. Les mois de l'année, comment ça s'écrit?

Speak! Work with a partner. How do you spell the months of the year?

janvier février mars avril mai juin juillet août septembre octobre novembre décembre

On parle

Learning objective

You will learn how to say what you think of classroom activities.

ON COMMENCE!

Parlez! Travaille avec un partenaire.

a. Fais une liste en français de tous les objets que tu as dans ta trousse.

Speak! Work with a partner. Make a list in French of everything you have in your pencil case.

b. Mets ta liste dans l'ordre alphabétique.

Put your list in alphabetical order.

ON APPREND

1 Parlez! Contre la montre!

Travaille avec un partenaire. Fais des conversations.

Speak! Against the clock! Work with a partner. Make up conversations.

Exemples:

Tu as un stylo?
Oui, voilà.
Tu as une gomme?
Non, désolé.

2 Écoutez!

C'est quoi en anglais?

Listen! What's that in English?

c'est super

c'est nul

c'est génial

c'est amusant

3 Parlez!

Regarde les images de l'activité 2. Que dis-tu?

Look at the pictures in activity 2. What would you say?

4 Parlez!

Travaille avec un partenaire. Fais des phrases. Exemple: *Le rugby – c'est nul*

Speak! Work with a partner. Make sentences.

le rugby 

le football 

la télé 

la musique 

la radio 

l'internet 

le tennis 

les DVDs 

Avance! 

cette activité 

5 Parlez!

Travaille avec un partenaire. Donne ton opinion.

Speak! Work with a partner. Give your opinion.

'Pour moi, …' = 'For me, …'

Exemple: *Pour moi, le rugby, c'est nul.*

6 Écrivez!

Note tes opinions maintenant!

Write! Write down your opinions now.

J'AVANCE

You have learnt how to give a simple opinion about something:

c'est super = it's great
c'est génial = it's brilliant
c'est nul = it's rubbish
c'est amusant = it's funny

You could change c'est to c'était to say something 'was' good or rubbish or funny. We'll meet this again later.

ON RÉFLÉCHIT!

a. Parlez!

Travaille avec un partenaire. Fais des phrases.

Work with a partner. Make sentences.

Écoutez! Écrivez! Parlez! Lisez!
c'est super c'est génial c'est nul c'est amusant

Exemple: *Écoutez – c'est génial!*

b. *How can you use what you know to help you contribute in class?*

When you learn new words, try to think about how you put things together.

Now you can say, 'Do you have a pencil?, soon you'll learn how to ask 'Do you have a pet?' or 'Do you have a brother or sister?' You're building all the time.

How can you keep a record of what you know?

J On dit plus de choses

Learning objective

You will learn some useful questions to use.
You will learn more things to say about classroom activities.

ON COMMENCE!

Parlez et écrivez! C'est quel numéro?
Speak and write! Which number is it?

zeon uith xis roits feun icqn
reitze ziese nu dezou retuaq
xued pest zoretuaq neqiuz xid

ON APPREND

1 Écoutez!

Écoute et lis ces dialogues!
Listen! Listen and read these dialogues!

a.

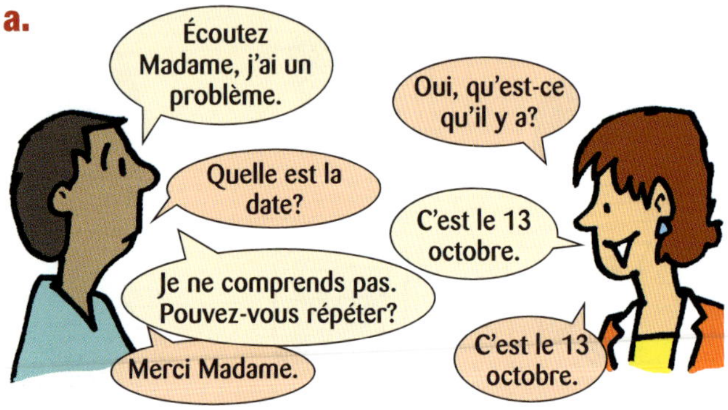

Écoutez Madame, j'ai un problème.
Oui, qu'est-ce qu'il y a?
Quelle est la date?
C'est le 13 octobre.
Je ne comprends pas. Pouvez-vous répéter?
C'est le 13 octobre.
Merci Madame.

b.

Monsieur, s'il vous plaît! C'est quelle page?
Page numéro vingt-deux.

c.

Madame, hippopotame… comment ça s'écrit? Je ne sais pas.
Alors hippopotame, c'est H-I-P-P-O-P-O-T-A-M-E.
Merci Madame!

2 Écrivez!

Trouve le français!
Write! Find the French!

a. I have a problem.
b. What's the matter?
c. I don't understand.
d. Can you repeat that?
e. Thank you miss!
f. Please sir!
g. How do you spell it?
h. I don't know…
i. What page is it?

3 Parlez!

Travaille avec un partenaire. Pratique les dialogues dans l'activité numéro 1!
Speak! Work with a partner. Practise the dialogues in activity number 1.

4 Test de mémoire!

Apprends les dialogues par cœur.
Memory test! Learn these dialogues by heart.

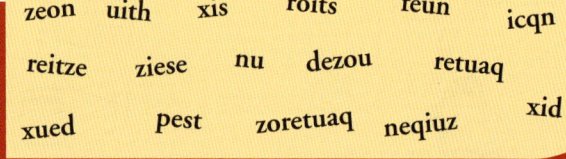

J'AVANCE

A good way to learn dialogues is to cover up a word at a time and to see how much you can remember by heart. Practise until you're word perfect!

5 Parlez!

Travaille avec un partenaire. À toi d'inventer un dialogue. Remplis les blancs! Il y a plusieurs possibilités.

Speak! Now you make up a conversation. Fill in the gaps! There are lots of different answers!

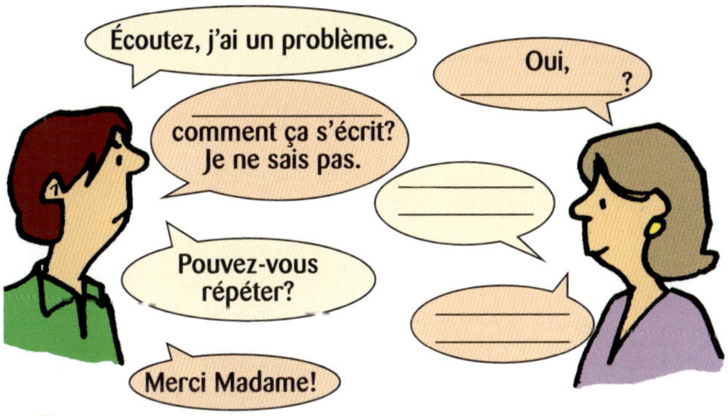

Écoutez, j'ai un problème.
Oui, ______ ?
______ comment ça s'écrit? Je ne sais pas.
Pouvez-vous répéter?
Merci Madame!

6 Parlez!

Contre la montre! Comment ça s'écrit?

Speak! Against the clock! How do you spell it?

Exemple: – Stylo, comment ça s'écrit?
– S-T-Y-L-O

7 Écoutez!

Écris 1 à 5. C'était comment? Écris la bonne lettre. Exemple: *1, e*

How was the lesson? Write down the letter of the phrase you hear.

1. C'était facile
2. C'était difficile
3. C'était intéressant
4. C'était ennuyeux
5. C'était nul

a. It was interesting
b. It was boring
c. It was rubbish
d. It was difficult
e. It was easy

8 Écrivez!

Remplis les blancs!

Write! Fill in the gaps.

C'étai_ fac__e.
C'ét__t _i__icile.
C'_tait int_res__nt.
_'ét_i_ _ nnu _eux.

ON RÉFLÉCHIT!

Parlez! Travaille avec un partenaire. Faites une conversation. Changez de rôle.

Speak! Work with a partner. Make up a conversation. Then change role.

A – La classe – aujourd'hui, c'était comment?

B – Aujourd'hui, c'était intéressant!

aujourd'hui = today

super génial nul amusant facile
difficile intéressant ennuyeux

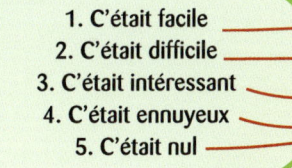

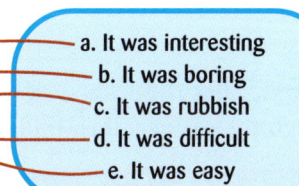

K Lecture et Culture

Learning objective

You will learn how to read and understand simple texts using different clues.

ON COMMENCE!

Écrivez! Fais une liste de tous les mots que tu as rencontrés qui ressemblent à l'anglais.

Write a list of all the words you've met so far that look like English words.

Exemple: internet
radio...

ON APPREND

1 Lisez!

Radio

96% des jeunes écoutent la radio 2h à 3h par jour. Le rap est la musique préférée des 15/25 ans.

Télévision

87% des jeunes disent qu'ils regardent la télévision de 1h à 3h par jour. Ce que vous préférez à la télé ce sont d'abord les films (80%), les informations (80%), le sport (surtout les garçons: 87%, filles 58%), les clips musicaux et les séries (65%).

Lis le passage, puis réponds aux questions.

a. Read through the passage, then fill in this table.

les verbes	les noms	les numéros

b. In which line are 15/25-year-olds mentioned?

c. In which line is television mentioned?

d. In which line are boys mentioned?

e. Can you work out from the context what these words or expressions mean?

- 2h
- par jour
- la musique préférée
- les informations
- les séries

2 Lisez!

Regarde ces textes puis réponds aux questions.

Read! Look at these texts and then answer the questions below.

A.

Salut,

Ça va? Je m'appelle Arnaud. J'habite à Besançon. J'ai quatorze ans. J'aime la musique et l'internet. En classe, j'écoute toujours le professeur. Dans ma trousse, j'ai toujours un stylo rouge et un stylo noir, une règle et une gomme. Je suis intelligent! Mon anniversaire, c'est le 9 juillet.

À bientôt!

toujours = always

B.

Venus Williams – *la nouvelle star de la planète tennis!*

Joueuse de tennis internationale extraordinaire, elle a beaucoup d'imagination et est très généreuse, mais c'est son tennis qui est fascinant …

beaucoup de = a lot of

1. What sort of text is A?
2. What sort of text is B?
3. How do you know?
4. Which is easier to understand?
5. Write down five things that you understand from each text.
6. Now make a list of any words that gave you trouble.

J'AVANCE

When you are reading texts, don't be put off by things you don't know. Look for phrases that you do know and work from there. Another strategy is to look for words that look similar to English. You can use these to help you understand the gist of a passage.

ON RÉFLÉCHIT!

Make a list with a partner of things that you can do to help yourself when you're reading longer texts.

Example: Underline all the words I know…

UNIT 2

LES FAMILLES!

A Je présente ma famille

Learning objective

You will learn how to say how many brothers and sisters you have.
You will learn how to say their names and your parents' names.

ON COMMENCE!

Travaille avec un partenaire. Que dis-tu?
Work with a partner. What would you say?

Tu as quel âge?
J'ai ______ ans!
17 12 19 8
10 7 13 11

ON APPREND

1 Écoutez et lisez!

Listen and read!

Parle-moi de ta famille...
Voici mon père, il s'appelle Frédo.
Et voici ma mère, elle s'appelle Angélique.
Tu as des frères ou des sœurs?
J'ai une sœur et un frère.
et = and
Mon frère s'appelle Stéphane.
Et ma sœur s'appelle Mimi!

2 Écrivez!

Trouve le français!
Write! Find the French.
Exemple: *a. Voici mon père.*

a. This is my dad.
b. And this is my mum.
c. Do you have any brothers or sisters?
d. My brother is called Stéphane.
e. And my sister is called Mimi!

3 Écoutez!

Écris 1 à 6. Tu as des frères ou des sœurs? Écris f ou s avec le bon numéro. Exemple: *1. 2f*
*Listen! Write 1 to 6. Write **f** (for brothers) or **s** (for sisters) with the right number.*

4 Parlez!

Fais le portrait de ta famille!

Speak! Describe your family!

Voici mon père...	il s'appelle...
Voici ma mère...	elle s'appelle...

J'ai	un frère	il s'appelle...
	une sœur	elle s'appelle...
	deux sœurs	elles s'appellent...
	trois frères	ils s'appellent...
	deux sœurs et un frère	ils s'appellent...

Je suis fils unique.
Je suis fille unique.

fils/fille unique = only child

5 Parlez!

Que dis-tu?

Speak! What would you say?

Exemple: Je m'appelle ....J'ai .... ans.
J'ai ....Il/Elle s'appelle ...

6 Lisez!

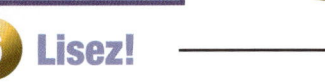

Lis le e-mail. Quelle est la photo correcte: A ou B?

Read the email. Which is the right photo?

Salut! Moi j'habite à Los Angeles.
Mes parents sont divorcés, mais tout est cool.
Je suis fils unique, mais j'ai une grande famille – mon chien, mes trois chats, mes deux perroquets et mes neuf serpents!

A

B

J'AVANCE

Here we meet more French personal pronouns. We already know je = I and tu = you.

Now we have met
il = he
elle = she
ils = they (masculine)
elles = they (feminine)

ON RÉFLÉCHIT!

Lisez! Lie les questions et les réponses.

Read! Match the questions to the answers.

Exemple: – Comment t'appelles-tu?
– Je m'appelle Tiken.

J'ai trois sœurs. Comment t'appelles-tu?
J'ai treize ans. Tu as quel âge?
Elles s'appellent Pierrette, Angélique et Kidi.
Tu as des frères ou des sœurs?
Elles s'appellent comment? Je m'appelle Tiken.

B Avoir!

Learning objective

You will learn how to use the present tense of avoir – 'to have'.
You will also learn to say whether you have any pets.

ON COMMENCE!

Écrivez! C'est quoi en français? Cherche le sens et le genre de ces mots dans un dictionnaire ou dans la section 'Vocabulaire' d'*Avance*.

Write! What's that in French? Look for the meaning and the gender of these words in a dictionary or in the ***Avance*** *word list.*

ON APPREND

1 Écoutez et lisez!

Listen and read!

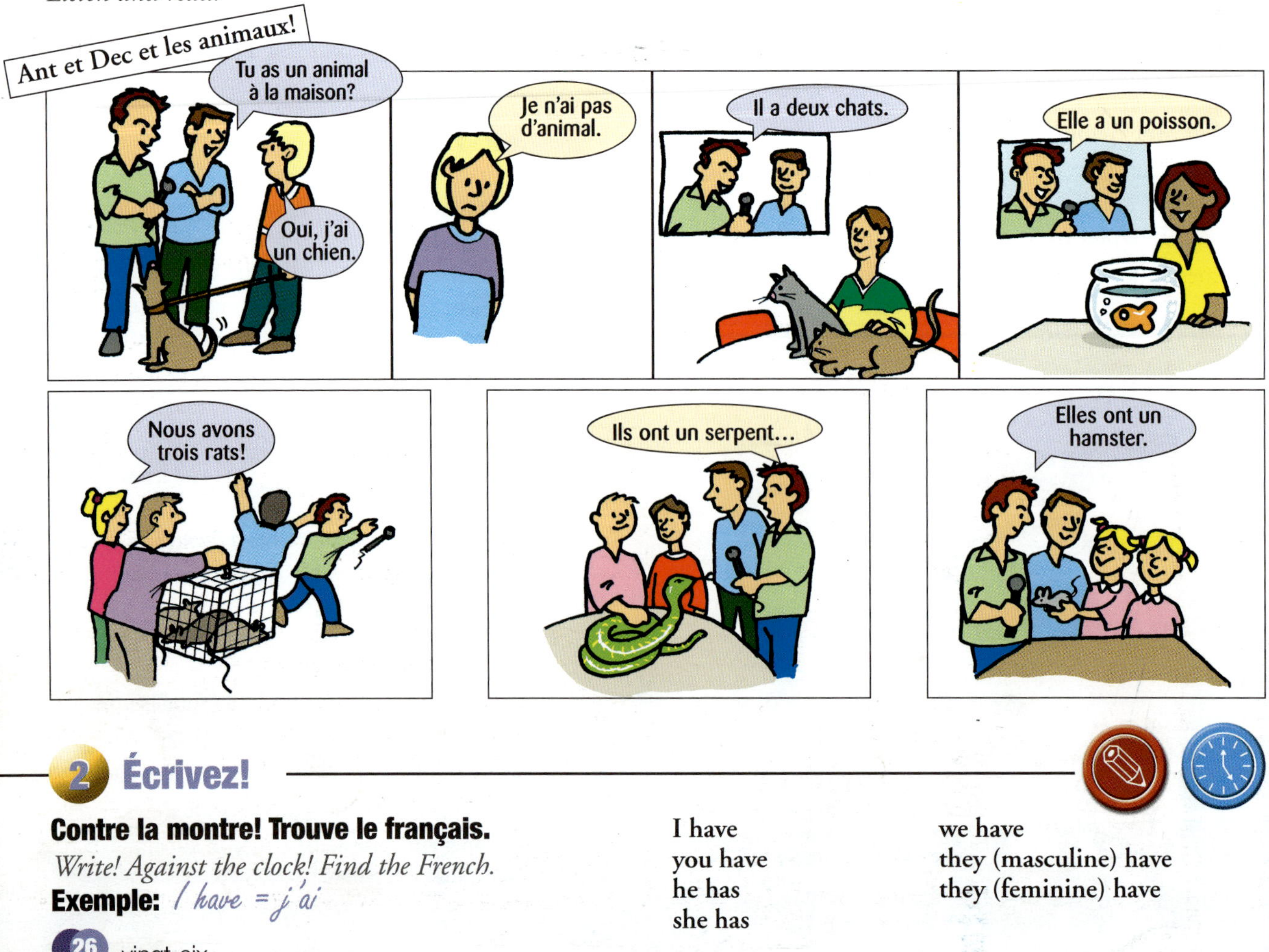

Ant et Dec et les animaux!
Tu as un animal à la maison?
Oui, j'ai un chien.
Je n'ai pas d'animal.
Il a deux chats.
Elle a un poisson.
Nous avons trois rats!
Ils ont un serpent…
Elles ont un hamster.

2 Écrivez!

Contre la montre! Trouve le français.

Write! Against the clock! Find the French.

Exemple: *I have = j'ai*

I have
you have
he has
she has

we have
they (masculine) have
they (feminine) have

3 Écoutez!

Tu as un animal? Écris 1 à 12. Écris la lettre correcte. Exemple: 1. h

Listen! Do you have a pet? Write 1 to 12. Write down the correct letter.

a.

b.

c.

d.

e.

f.

g.
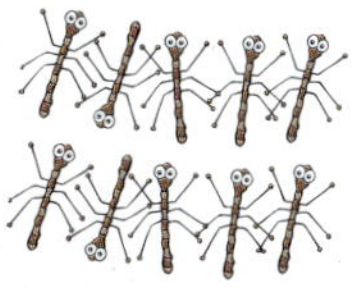
h.

i.

j.

k.

l.
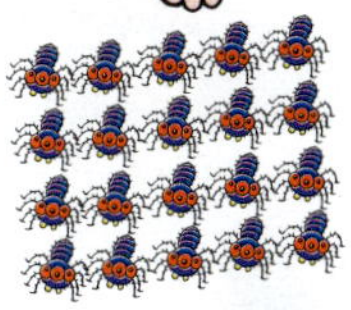

4 Parlez!

Travaille avec un partenaire – que dis-tu? Faites des conversations avec les images de l'activité 3.

Speak! Work with a partner – what would you say? Make conversations using the pictures in activity 3.

Exemple: A – Tu as un animal à la maison? B – J'ai un / une / deux / trois ___________

J'AVANCE

a. Personal pronouns

Now you have met all the personal pronouns. This is the order you learn them in.

Singular		Plural	
je	I	nous	we
tu	you	vous	you
il	he	ils	they (masculine)
elle	she	elles	they (feminine)
on	one		

tu = you and vous = you. What's the difference? You use tu if you're talking to a friend or someone you know well. You use vous if you're talking to more than one person or to someone you don't know well.

Remember je becomes j' if the following verb begins with a vowel or an 'h'

Exemple: j'habite = I live
j'ai = I have

b. Avoir

You have been practising the verb avoir – to have. It's an irregular verb. It doesn't follow a pattern. You must learn it by heart! Think about ways you could do this!

j'ai	I have	nous avons	we have
tu as	you have	vous avez	you have
il a	he has	ils ont	they (*m*) have
elle a	she has	elles ont	they (*f*) have

ON RÉFLÉCHIT!

a. Écrivez! Lie le français et l'anglais.

Exemple: j'ai = I have

elles ont we have vous avez you have
j'ai she has ils ont he has tu as
you have they (*f*) have nous avons
I have elle a they (*m*) have il a

b. Écrivez! C'est quoi en français? Fais deux versions – avec 'tu' et avec 'vous'.

Write! What's that in French? Do two versions, one for someone you know well with 'tu', and one for someone you don't know at all with 'vous'.

How old are you?
Do you have brothers or sisters?
Do you have a pet?

C Être!

Learning objective

You will learn how to use the verb être.
You will learn some nationalities.

ON COMMENCE!

Écrivez! Quelle est la forme correcte du verbe?
Write! What is the correct form of the verb in brackets in each case?

je (avoir)
tu (avoir)
il (avoir)
nous (avoir)
vous (avoir)
ils (avoir)

ON APPREND

1 Écrivez!

Ils sont de quelle nationalité? Écris les phrases. Exemple: *Tiger Woods est américain.*
Write! What nationality are they? Write out the sentences.

2 Écoutez!

Écris 1 à 4. Qui parle? Écris la bonne lettre.
Listen! Write down 1 to 4. Who is speaking? Write the correct letter.
Exemple: *1b*

3 Parlez!

Travaille avec un partenaire. Que dire pour l'activité 2?

Speak! Work with a partner. What would you say?

Exemple: *Je m'appelle Éric.*
J'habite à Paris.
Je suis français.

J'AVANCE (1)

Have you noticed that the adjectives for nationality change?

Éric est français. > Annick est française.

Tiger Woods est américain. > Madonna est américaine.

Why do you think you add an 'e' for Annick and Madonna? (Think back to un and une)

4 Lisez!

Choisis la réponse correcte.

Read! Choose the correct answer.

Exemple: *1. Éric est français.*

1. Éric est français / française.
2. Annick est français / française.
3. Ababcar est sénégalais / sénégalaise.
4. Céline et Cédric sont guadeloupéen / guadeloupéens.

5 Parlez!

Travaille avec un partenaire. Regarde la case.
Pose les questions:
'Tu es de quelle nationalité?'
'Ta mère est de quelle nationalité?'
'Ton père est de quelle nationalité?'

Work with a partner. Look at the box below. Ask the questions: What nationality are you? What nationality is your mother? What nationality is your father?

Je	suis	anglais/e antillais/e écossais/e indien/ne nigérien/ne pakistanais/e
Ma mère	est	
Mon père	est	

J'AVANCE (2)

You have just met another very important irregular verb. Let's recap:

Je m'appelle Éric. Je suis français.
Tu es de quelle nationalité?
Tiger Woods est américain.
Nous sommes guadeloupéens.
Vous êtes de quelle nationalité?
Céline et Cédric sont guadeloupéens.

Être	to be		
je suis	I am	nous sommes	we are
tu es	you are	vous êtes	you are
il est	he is	ils sont	they are (*m*)
elle est	she is	elles sont	they are (*f*)
on est	one is		

ON RÉFLÉCHIT!

Écrivez! Écris la bonne forme du verbe 'être'!

Write in the right form of the verb 'être'.

Exemple: *1. Je suis grand.*

1. Je (être) grand.
2. Tu (être) petit.
3. Il (être) britannique.
4. Elle (être) colombienne.
5. Nous (être) intelligents.
6. Vous (être) amusants.
7. Ils (être) guadeloupéens.
8. Elles (être) rouges.

D Les adjectifs!

Learning objective

You will learn about adjectives in French and how to describe yourself.
You will also learn that word order is sometimes different in French.

ON COMMENCE!

Écrivez! Mets ces mots dans la bonne colonne!
Write! Put these words into the right column.

Les noms	Les adjectifs
ma sœur	*grand*

Remember! An adjective is a word that describes somebody or something – eg. busy, boring

grand   un chien   mon frère   petit
jaune   brun
un éléphant   ma sœur   intelligent   un stylo

ON APPREND

1 Écoutez et lisez!

Listen and read!

a

Je suis grand

b

Je suis grande

c

Je suis petit

d

Je suis petite

e

Je suis intelligent

f

Je suis intelligente

g

Je suis amusant

h

Je suis amusante

2 Parlez!

Contre la montre! Regarde les images pour l'activité numéro 1. Que dis-tu? Exemple: *Je suis grand.*
Speak! Against the clock! Look at the pictures for activity 1. What would you say?

3 Lisez!

Écris 1 à 5. Quelle est la phrase correcte? Note la lettre correcte. Exemple: *1. a*
Read! Write down 1 to 5. Which is the right sentence? Note the correct letter.

1. 
a. Je suis intelligent.
b. Je suis intelligente.

2. 
a. Il est amusant.
b. Elle est amusante.

3. 
a. Il est amusant.
b. Elle est amusante.

4. 
a. Je suis petit.
b. Je suis petite.

5. 
a. Il est grand.
b. Elle est grande.

4 Écoutez et lisez!

Listen and read!

J'ai les cheveux

blonds

bruns

noirs

J'ai les cheveux

courts

mi-longs

longs

J'ai les yeux

bleus

verts

gris

bruns

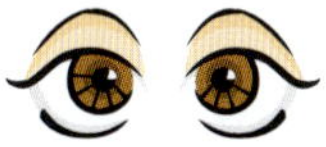

Did you notice, in French, hair is a plural word. You have lots of it!

J'AVANCE

In French, an adjective mostly comes *after* the word it is describing:
j'ai les cheveux blonds = I have hair blond!
Of course in English, you would say: I have blond hair.

As well as coming in a different place, the adjective has to change its spelling to agree with the thing it's describing, depending on whether the thing is masculine or feminine, and singular or plural.

What do you think it adds if it is feminine?
What do you think it adds if it is plural?

Most adjectives follow this pattern:

masculine singular	feminine singular	masculine plural	feminine plural
grand	grand**e**	grand**s**	grand**es**
intelligent	intelligent**e**	intelligent**s**	intelligent**es**

They add an 'e' for feminine, an 's' for masculine plural and an 'es' for feminine plural.

There are patterns and exceptions. We'll learn different ones as we go along.

ON RÉFLÉCHIT!

a. Parlez! Travaille avec un partenaire. Décris-toi selon ce modèle:

Describe yourself following this model:

Je suis grand.
Je suis amusant.
J'ai les cheveux courts et noirs.
J'ai les yeux bruns.

b. Écrivez! Écris ta description maintenant.

Write up your description now.

E Mon, ma, mes

Learning objective

You will learn how to say 'my' and 'your' in French.
You will learn how to say whether you have a pet.

ON COMMENCE!

Écrivez! Contre la montre!

Write! Against the clock!

Exemple: un chat
ma sœur
un stylo

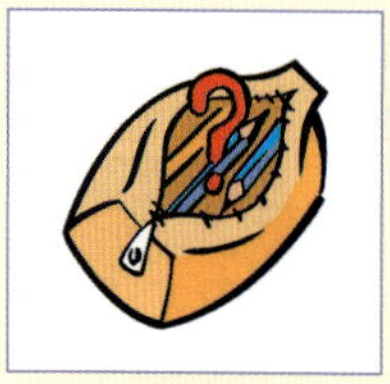

- cinq animaux
- trois membres de la famille
- cinq objets que tu as dans ta trousse

ON APPREND

1 Écoutez et lisez!

Listen and read…

La famille monstrueuse
Salut! Je m'appelle Mireille la monstrueuse.
Je suis rouge!
Voici mon lapin – il s'appelle Charlot.
Mon perroquet s'appelle Pépé. Il a douze ans.
Ma souris est petite!
Mes hamsters sont grands et rouges.
Mon frère Fred a neuf ans.
Ma sœur Suzanne est grande et intelligente.
Voici mes parents – Monsieur le monstrueux et Madame la monstrueuse.

2 Écrivez!

Trouve le français.
Find the French.

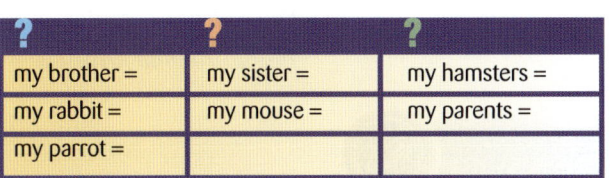

?	?	?
my brother =	my sister =	my hamsters =
my rabbit =	my mouse =	my parents =
my parrot =		

Which words are missing from the top row?

J'AVANCE

Remember that languages work differently! You have met lots of examples of mon, ma and mes before. Just as there are different words for 'the' in French, there are different words for 'my', 'your'.

M	F	PL	
mon	ma	mes	my
ton	ta	tes	your

Just like le, la, les, these words change depending on whether the thing you are talking about is masculine or feminine, singular or plural.

Whether the person speaking is masculine or feminine has nothing to do with this!

Mon frère Fred a neuf ans.

Ma sœur Suzanne est grande et intelligente.

Voici mes parents…

3 Parlez!

Travaille avec un partenaire. Pratiquez ce dialogue.
Work with a partner. Practise this dialogue.

A – Comment s'appelle ton frère?
B – Mon frère s'appelle Jean-Jacques.
A – Comment s'appelle ta sœur?
B – Ma sœur s'appelle Audrey.
A – Comment s'appellent tes parents?
B – Mon père s'appelle Didier et ma mère s'appelle Sandrine.

4 Lisez!

Choisis le mot correct.
Read! Choose the right word.
Exemple: *1. Mon*

1. Mon / ma / mes lapin est petit.
2. Ton / ta / tes hamsters sont mignons!
3. Mon / ma / mes souris est rouge.
4. J'ai oublié mon / ma / mes trousse.
5. C'est quand, ton / ta / tes anniversaire?

ON RÉFLÉCHIT!

Écrivez! C'est quoi en français?
What's that in French?
Exemple: *Mon frère s'appelle Alain.*

a. My brother is called Alain.
b. Your hamster is white.
c. My sister is very intelligent.
d. Your parents are tall.

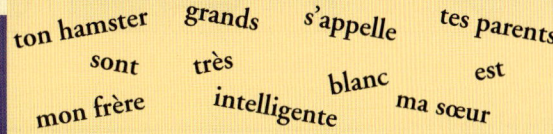

ton hamster · grands · s'appelle · tes parents · sont · très · blanc · est · mon frère · intelligente · ma sœur

F Non!

Learning objective

You will learn how to make sentences negative.
You will revise animals.

ON COMMENCE!

Écrivez! Cherche l'intrus! Pourquoi c'est l'intrus?
Which is the odd one out? Why is it the odd one out?

1. grand	petit	intelligent	je suis		**5.** onze	un	vous	quatre
2. Paris	Nice	j'habite	Dakar		**6.** dauphin	lapin	stylo	insecte
3. mon	elle	ma	mes		**7.** gomme	trousse	sœur	règle
4. tu es	je suis	j'ai	elle est		**8.** mère	frère	parents	intelligente

ON APPREND

1 Écoutez et lisez!

Listen, and read the passage.

2 Parlez!

Travaille avec un partenaire. Test de mémoire. Lisez la conversation et apprenez-la par cœur.
Speak. Work with a partner. Memory test. Read through the conversation and learn it by heart.

3 Lisez!

Lie les phrases avec l'image correcte. Exemple: *1. b*

Match up the sentences with the correct picture.

1. 

2. Paul ✗ Richard ✓

3. 

4. 10 ✗ 11 ✓

5. Paris ✗ Perpignan ✓

a. Je n'ai pas dix ans. J'ai onze ans.

b. Je ne suis pas grand. Je suis petit.

c. Je n'habite pas à Paris. J'habite à Perpignan.

d. Je ne m'appelle pas Paul. Je m'appelle Richard.

e. Je n'ai pas les cheveux noirs. J'ai les cheveux blonds.

J'AVANCE

In activities 1, 2 and 3, you have met lots of sentences with negative meanings.
Je ne suis pas grand = I am not tall
Non, ce n'est pas une souris, c'est un éléphant. = No, that's not a mouse, it's an elephant.

To make a verb negative, you have to sandwich ne.... pas around it.

If ne is followed by a vowel or an 'h' it becomes n'
Je n'ai pas dix ans. J'ai onze ans. = I'm not ten. I'm eleven.
Je n'habite pas à Paris. J'habite à Perpignan. = I don't live in Paris. I live in Perpignan.

Finally, if you want to say – 'I don't have a pet'/ 'I don't have a rubber' / 'I don't have any sisters' / 'I don't have any pens': you will use 'de' instead of 'un / une'.

Je n'ai pas de stylos.

Je n'ai pas d'animal.

Je n'ai pas de gomme.

Je n'ai pas de sœurs.

4 Parlez!

Travaille avec un partenaire. Mets ces phrases dans le bon ordre. Une personne dit la phrase. L'autre décide si c'est correct.

Work with a partner. Unjumble these sentences. One person says the sentence. The other person decides if it is correct or not.

a.	pas	je	petit	suis	ne
b.	n'est	elle	pas	grande	
c.	pas	intelligent	n'est	il	
d.	je	m'appelle	Catherine	pas	ne
e.	je	les	bruns	n'ai	yeux	pas

ON RÉFLÉCHIT!

Écrivez! Écris la forme négative de ces phrases. Exemple: *Je ne suis pas petit.*

*Write these sentences using '**ne...pas**'.*

Je suis petit.
Je suis intelligent.
Il habite à Tours.
Elle est grande.
J'ai trois sœurs.
J'ai cinq tigres.
J'ai une gomme.

G Les questions

Learning objective

You will think about how to ask questions in general.
You will learn how to ask and answer questions about yourself and your family.

ON COMMENCE!

a. Écrivez! Mets ces questions dans le bon ordre. Commence par le mot indiqué *:

Put these questions in the right order.
*Start by the word marked *:*

t'	*Comment	appelles-tu	?
anniversaire	*Ton	c'est quand?	
as	*Quel	âge	tu?
habites	*Où	tu ?	

b. Lie le français et l'anglais.

Match up the French and the English.

Where do you live? How old are you?
What is your name? When is your birthday?

ON APPREND

J'AVANCE

Remember that languages work differently. You can't always translate directly from one language to another. You know that:

Comment t'appelles-tu? means 'What's your name?'

Comment can also mean 'how' or 'what' in the sense of 'pardon?'

Quel âge as-tu? = ***What*** age are you? or ***How*** old are you?
Où habites-tu? = ***Where*** do you live?
Ton anniversaire, c'est quand? = ***When***'s your birthday?

Add to your list of question words as you go along. Now for some practice!

1 Écoutez et lisez!

Écoute cette personne. Quelles sont les questions pour ces réponses?

Listen to this person. What are the questions for these answers?

Exemple: Où habites-tu?
J'habite à Dakar.

J'ai treize ans.
Salim
Le 9 janvier.
J'habite à Dakar.

Comment t'appelles-tu? Quel âge as-tu?
Ton anniversaire, c'est quand?
Où habites-tu?

2 Parlez!

a. Travaille avec un partenaire. Pratiquez ces dialogues.
Work with a partner. Practise these dialogues.

A – Comment t'appelles-tu?
B – Mario.
A – Ton anniversaire, c'est quand?
B – Le 2 janvier.
A – Quel âge as-tu?
B – J'ai 40 ans.
A – Où habites-tu?
B – J'habite à San Francisco.

b. Changez de rôle!
Change role!

Mario
le 2 janvier
40 ans
San Francisco
Mario

Thierry Henry
le 17 août
26 ans
Londres
Thierry Henry

Patrick Vieira
le 23 juin
27 ans
Londres
Patrick Vieira

Kylie Minogue
le 28 mai
35 ans
Londres
Kylie Minogue

3 Écrivez!

Écris un dialogue. Pose ces questions à une personne célèbre.
Write a dialogue. Ask a famous person these questions.

 ?

 ?

 ?

 ?

Quel âge as-tu?

Où habites-tu?

Ton anniversaire, c'est quand?

Comment t'appelles-tu?

Comment es-tu?

Tu as des frères ou des sœurs?

ON RÉFLÉCHIT!

Écrivez! Remplis les blancs.
Fill in the gaps.

C______t t'appelles - __?
Ton ____________, c'est q____?
_____ âge as-__?
Où ______ -tu?
Comment __-tu?
Tu as des _____s ou des _____s?

H C’est où?

Learning objective

You will learn how to say where something is.
You will revise the words and phrases you use for classroom objects.

ON COMMENCE!

Écrivez! Révise le sens de ces objets.

Revise the meaning of these things.

un crayon
une trousse
un stylo noir
un bâton de colle
un stylo rouge
une règle
une gomme
une table
une chaise
un livre

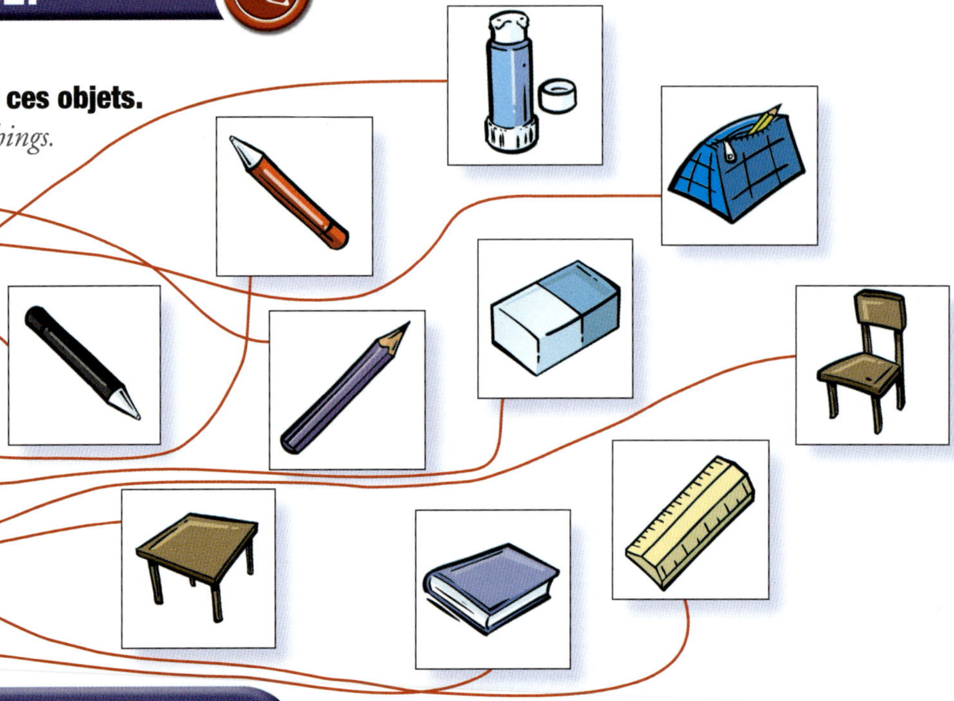

ON APPREND

1 Écoutez et chantez!

Où est la souris?
Où est la souris?

Elle est **sur** la table!

Elle est **sous** la table!

Non, elle est **devant** la table!

Non, elle est **derrière** la table!

Où est la petite souris?

Elle est **dans** la trousse!

2 Écoutez!

Écris 1 à 5. C'est vrai ou faux? Écris V ou F. *Write 1 to 5. Is it true or false? Write V or F.*

Exemple: *1. V*

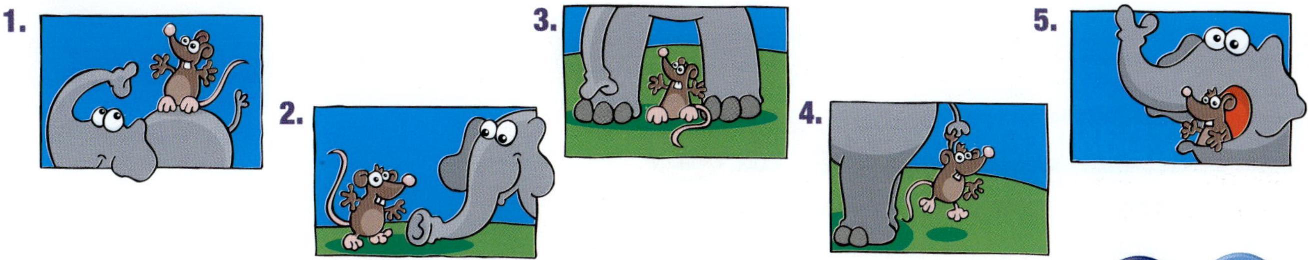

3 Parlez!

Travaille avec un partenaire. Regardez les images dans l'activité 2. Que dites-vous? Contre la montre!

Work with a partner. Look at the pictures in activity 2. What would you say? Against the clock!

Exemple: *La souris est sur l'éléphant.*

Words like 'on – sur', 'in – dans' 'under – sous' are called **prepositions.** They often indicate position.

4 Lisez!

Écris 1 à 8. Choisis la bonne préposition. Exemple: *1. Le crayon est sur la table.*

Write down 1 to 8. Choose the right preposition.

1. Le crayon est devant/sur la table.
2. Le stylo rouge est sur/sous la table.
3. Le stylo noir est devant/dans la trousse.
4. La règle est derrière/dans la trousse.

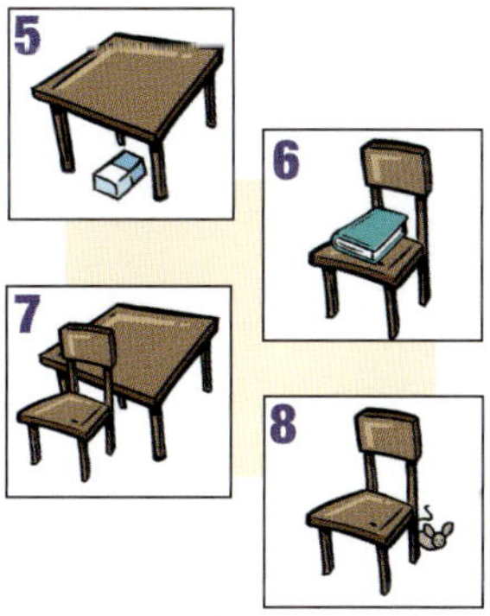

5. La gomme est sous/devant la table.
6. Le livre est dans/sur la chaise.
7. La chaise est dans/devant la table.
8. La souris est sur/derrière la chaise.

5 Lisez!

La salle de classe bizarre! Lis cette description et dessine l'image.

The weird classroom. Read this description and draw the picture.

Un éléphant est derrière la table.

Une souris est sur l'éléphant.

Une girafe est sous la chaise.

Une trousse est devant la girafe.

Un stylo rouge et une gomme sont dans la trousse.

ON RÉFLÉCHIT!

Écrivez! Écris des phrases pour ces images.

Write sentences for these pictures.

1 Mais je n'aime pas ça

Learning objective

You will learn how to say you like or dislike something.
You will learn how to make your sentences longer and more interesting.
You will revise how to talk about your family, pets and where you live.

ON COMMENCE!

Écrivez! Mets ces mots dans la bonne colonne.

Put these words in the right column.

noms masculins	noms féminins	noms pluriels
stylo		

stylo frère serpents mère
tortue sœur crayon
devoirs gomme anniversaire
date lapin

ON APPREND

1 Écoutez et répétez!

Listen and repeat!

j'adore

j'aime

je n'aime pas

je déteste

je préfère

J'AVANCE

Je m'appelle Ann. J'ai douze ans. J'ai un frère. Je n'ai pas de sœurs.

It's better French if you can use linking words like et (and) or mais (but).

You use et if you just want to add details, and mais if you want to make a contrast.

Our new improved sentences now look like this: Je m'appelle Ann *et* j'ai douze ans. J'ai un frère *mais* je n'ai pas de sœurs.

2 Parlez!

Travaillez à trois. Une personne lit les phrases. Les deux autres disent 'et' ou 'mais.'

Work in a three. One person reads the sentences. The two others say 'and' or 'but'.

1.

Je m'appelle Lucie.
J'ai douze ans.

J'aime les chats.
Je déteste les serpents.

2.

3.

Je m'appelle Marc.

J'adore les lapins.

4.

J'aime les poissons rouges.

Mon frère préfère les chiens.

5.

J'aime les oiseaux.

Je n'aime pas les phasmes.

3 Parlez!

Travaille avec un partenaire. Faites 10 phrases et écrivez-les!

Work with a partner. Make ten sentences and write them down!

les serpents

Je m'appelle…

j'ai… ans

et

J'adore…

j'aime…

les lapins

J'adore…/J'aime…

je déteste…/
je n'aime pas…

mais

J'adore…/J'aime…

mon ami(e) préfère…

les phasmes

les chiens

4 Écoutez!

a. Écris 'et' ou 'mais'.

Write down 'et' or 'mais'.

Exemple: 1. J'ai un chat mais je n'ai pas de chien.

1. J'ai un chat ___ je n'ai pas de chien.
2. Je m'appelle Buffy ___ j'habite à Sunnydale.
3. J'ai une sœur ___ je n'ai pas de frères.
4. Ma sœur est grande ___ mon frère est petit.

b. *You will no longer hear the linking word. Write down whether you think it should be 'et' or 'mais'.*

1. David Beckham est anglais ___ Robert Pires est français.
2. J'ai douze ans ___ mon anniversaire est le huit mai.
3. Elle s'appelle Claire ___ elle a onze ans.
4. Il a un stylo ___ il n'a pas de crayon.

ON RÉFLÉCHIT!

Écrivez! Lie les phrases avec 'et' ou 'mais'. Puis fais-en un paragraphe.

Link sentences that can be joined using 'et' or 'mais.' Then put them together to make a paragraph.

j'ai 12 ans	je n'ai pas de frères
j'aime les chiens	je m'appelle Henri
je déteste les chats	j'ai une sœur
ma sœur préfère les lapins	j'adore les poissons

J Lecture et Culture: Les magazines

Learning objective

You will learn how to use simple clues in magazine articles to be able to understand them.

ON COMMENCE!

Écrivez! Écris tous les adjectifs dans ce texte.
Write all the adjectives in this text.

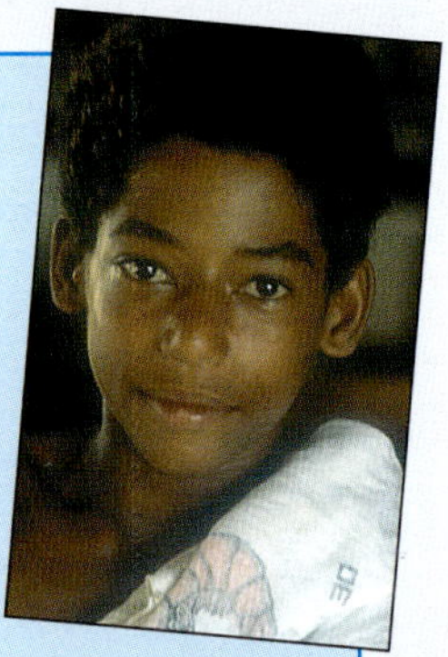

Salut, je m'appelle Sékou. J'habite à Bamako au Mali. Bamako est une grande ville. Bamako est super. C'est génial.
Moi, j'ai les cheveux noirs et les yeux bruns. Je suis grand. J'ai deux frères et trois sœurs.
Mes parents s'appellent Fémi et Ben. Ma mère est petite. Elle a les cheveux longs et noirs et les yeux bruns comme moi.

J'AVANCE

Texts give you masses of clues to help you with meaning:

- Pictures
- Words which are like English words
- Other words that you know already

Don't be put off by things you don't understand. Pretend you're a detective looking for clues, piecing things together. It sometimes helps to underline everything you know or to put words into categories as you did in the starter. Throughout *Avance*, we'll try to develop as many strategies as we can to help you with reading!

ON APPREND!

1 Lisez!

Nder, attention mbalax-lover!

Star de la scène pop sénégalaise, Alioune Mbaye Nder est un adepte du mbalax groovy, un spécialiste des chansons d'amour. Ses concerts sont particulièrement spectaculaires. Aujourd'hui il se lance dans une carrière au-delà des frontières de son Sénégal natal. Son premier album est disponible en CD. Attention nouveau talent!

a. **Read carefully through this passage and write down all the words that look like English words.**
eg. *attention*

b. **Now work out which words are names – proper nouns. eg.** *Nder*

c. **Now go through again and write down all the verb forms that you know. eg.** *est*

d. **Now answer these questions:**
i. What does Nder do?
ii. Where is he from?
iii. What has he just released?

e. **Finally, write a summary of this passage. Include these points:**
- **the person's name and where he's from;**
- **say what his profession is;**
- **say what the magazine thinks of his chances of success.**

2 Lisez!

Use all the techniques you have learnt to answer these questions. The key words are underlined in the paragraph to help you find the answers.

FICHE D'IDENTITÉ

NOM: Bros
PRÉNOM: Mario
PROFESSION: Plombier
PASSE-TEMPS: Kart et tennis

L'univers des jeux-vidéo est peuplé d'héros comme Sonic ou Lara Croft. C'est le petit plombier moustachu de Nintendo qui est le plus grand de tous…

Déjà 20 ans…
C'est en 1982 que Mario fait son apparition initiale, dans le jeu d'arcade Donkey Kong. Dans ce jeu tu devais aider Mario à libérer une jeune fille prisonnière du gorille.

En 1984 – Super Mario Bros! Mario, aidé de son frère Luigi va sauver la Princesse Peach. Ce jeu est un succès énorme.

Le super moustachu de Nintendo a encore de nombreuses années de jeux-vidéo devant lui – Mario Sunshine sur Game Cube et il est probable que Mario Kart et Mario Tennis seront édités sur la 128 bits de Nintendo…

a. What does Mario look like?

b. What job does he do?

c. When did he first appear?

d. What did he have to do in this game?

e. Who helped Mario to save Princess Peach?

f. Which new Mario games are expected to appear?

ON RÉFLÉCHIT!

What techniques have you learnt to deal with texts?
Which approach helped you most when you were looking at the text about Nder?
And the text about Mario?
Write a checklist of approaches to reading activities that you can use for the next time.

UNIT 3

CHEZ MOI

A Ma maison

Learning objective

You will learn one way of asking a question.
You will learn how to talk about the type of house someone lives in.

ON COMMENCE!

Écrivez! Avoir et être. Choisis le bon mot. *Choose the correct word.*

1. J'ai / Je suis	12 ans.	6. Tu êtes / Tu as	des animaux?
2. Il a / Il as	un chat.	7. Il est / Il a	petit.
3. Elle est / Elle a	un frère.	8. Je suis / J'ai	Paul.
4. Nous avons / Nous ont	deux chiens.	9. Elles sont / Elles est	grandes.
5. Ils a / Ils ont	dix euros.	10. Vous ont / Vous avez	des sœurs?

ON APPREND

1 Écoutez!

Écris la bonne lettre. Exemple: *1C*

1. Mariam
2. Luc
3. Tintin
4. Victoria
5. Ahmed
6. Dracula
7. Sarah
8. Alex

A. une grande maison

B. un manoir

C. une petite case

D. une ferme

E. un château

F. un appartement

G. une petite maison

H. un immeuble

2 Parlez!

Travaille avec un partenaire. Regarde les images A–H. Personne A pense à une lettre A–H. Personne B pose des questions.

Work with a partner. Look at the pictures A–H. Person A thinks of a letter A–H. Person B asks questions.

B – C'est une ferme? **A** – Non.
B – C'est un appartement? **A** – Oui.
B – C'est F ? **A** – Oui!

Changez de rôle.

J'AVANCE (1)

One way of asking a question in French is just to raise your voice at the end of the sentence. You don't have to change the order of the words:

C'est une grande maison. → C'est une grande maison? (+ raised voice)

It's a big house. → Is it a big house?

3 Lisez!

Tout a changé!

Vrai ou faux? Corrige les phrases fausses.

True or false? Correct the false sentences.

Exemple: *1. Faux. Mariam habite dans une grande maison.*

1. Mariam habite dans un immeuble.
2. Tintin habite dans une petite maison.
3. Ahmed habite dans un manoir.
4. Luc habite dans un château.
5. Dracula habite dans une ferme.
6. Alex habite dans une petite case.

J'AVANCE (2)

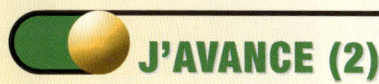

Here is another question:

Tu habites dans un appartement.

→ Tu habites dans un appartement?

(+ raised voice)

You live in a flat. → Do you live in a flat?

4 Parlez!

Travaille avec un partenaire. Regarde les images dans l'activité 3. Personne A choisit un nom. Personne B pose des questions.

Look at the pictures in activity 3. Person A chooses a name. Person B asks questions.

Exemple:

A – Tu habites dans un appartement?

B – Non.

A – Tu habites dans une petite case?

B – Oui.

A – Tu es Luc?

B – Oui!

ON RÉFLÉCHIT!

a. *What is an easy way of forming a question in French?*

b. *Remember the question words from Unit 2?*

C _ _ m _ _ t?	_ uel?
C'est q _ _ _ _ ?	O _ ?

c. Personne A dessine une image A–H. Personne B ne regarde pas.

B – C'est un immeuble? **B** – C'est une grande maison?

A – Non. **A** – Non etc.

Continue avec d'autres catégories: des animaux, des objets dans ta trousse…

B J'habite ici …

Learning objective

You will learn another way of asking a question. You will learn how to describe the location in which people live.

ON COMMENCE!

Ton/ta partenaire aime quelles personnes célèbres? Pose 10 questions. Change de rôle.
Which celebrities does your partner like? Ask 10 questions. Change roles.

A – Tu aimes Britney Spears? **B** – Non.

ON APPREND

1 Écoutez et lisez!

a.

dans un village

b.

dans une grande ville

c.

au centre-ville

d.

à la campagne

e.

au bord de la mer

f.

à la montagne

g.

dans la banlieue

2 Écoutez!

Écris la bonne lettre, a–g.

1. Mariam
2. Luc
3. Tintin
4. David et Victoria
5. Félix
6. Dracula
7. Sarah
8. Alex

3 Écrivez!

Regarde les images à la page 47, complète la grille et écris une phrase pour chaque personne.
Look at the pictures on p47 and complete the grid. Write one sentence for each person.

Nom	Maison	Situation
Samuel	*appartement*	*au bord de la mer*
Mégane		
Mathieu		
Xavier		
Gabrielle		
Antoine		

Exemple: *Samuel habite dans un appartement au bord de la mer.*

Samuel

Mégane

Mathieu

Xavier

Gabrielle

Antoine

J'AVANCE

You have already learnt to ask a question by simply raising your voice and keeping the same word order. Another way of asking a question is to swap the verb and the subject pronoun and join them with a hyphen (-):

Tu **habites** dans un village. → **Habites**-tu dans un village?

You live in a village. → **Do** you live in a village?

Can you remember the other way of asking a question from the last lesson?

4 Parlez!

Jouez au morpion! Pose des questions!

Exemple: *Habites-tu dans un village?*

5 Écrivez!

Où habites-tu? Écris un petit paragraphe.

Exemple: *Je m'appelle Stephen. J'habite dans un appartement à Bristol au centre-ville. C'est super/nul.*

6 Écrivez!

Et ton/ta partenaire?

Exemple: *Mon/ma partenaire s'appelle... Il/elle habite...*

ON RÉFLÉCHIT!

Écoutez! Écris 1 à 6.

C'est une question? Écris ✓/✗ et les phrases que tu entends.

Listen! Write 1 to 6.

Is it a question? Write ✓/✗ and the sentences that you hear.

Exemple: *1. ✓*

C Qu'est-ce que tu fais chez toi?

Learning objective

You will learn how to form the present tense with certain verbs.
You will learn some new verbs to say what you do at home.

ON COMMENCE!

Écoutez! Écris 1 à 6. Écris 'S' (sens) ou 'N' (nonsens).
Exemple: 1. N
Invente d'autres exemples!

J'AVANCE (1)

In the dictionary, verbs are in the infinitive (l'infinitif). For a lot of verbs in French, this means they end in –er:

jouer to play **danser** to dance

ON APPREND

1 Parlez!

Regarde les images et les infinitifs. Personne A dit un numéro, B dit l'infinitif.
Look at the pictures and the infinitives. A gives a number, B gives an infinitive. **Exemple:** A – 1. B – jouer au foot

1

2

3

4

5

6

jouer au foot regarder un film écouter la radio
préparer le dîner danser manger du chocolat

2 Écoutez et lisez!

Un week-end actif

Je danse à la musique pop.

Je joue au foot.

Je prépare le dîner.

Un week-end passif

J'écoute mes CDs.

Je regarde un film.

Je mange le dîner.

3 Écrivez!

Regarde les images de l'activité 2. Trouve et écris le français. Exemple: *1. Je joue*

1. I play **2.** I listen to **3.** I dance **4.** I watch **5.** I eat **6.** I prepare

4 Parlez!

a. Pratique ce dialogue.

A – Qu'est-ce que tu fais le week-end?

B – Je danse à la musique pop et je joue au foot. Et toi?

A – Je regarde un film et je mange le dîner.

b. Et toi? Tu passes un week-end actif ou passif? Qu'est-ce que tu fais?

And you? Do you spend an active weekend or a passive one? What do you do?

Exemple:

Moi, je passe un week-end actif/passif. Je...

J'AVANCE (2)

In the present tense (le présent) in English, regular verb forms do not change very much. For example, for the verb 'to play', we say 'I play, you play, we play, they play' but 'he/she plays'.

In French, there are more changes and you have to learn them:

jouer: to play

je joue	I play	nous jouons	we play
tu joues	you play	vous jouez	you play
il/elle/ Paul joue	he/she/ Paul plays	ils/elles/Paul et Claire jouent	they/Paul & Claire play

Which letters in dark green do you not hear?

5 Écoutez et chantez!

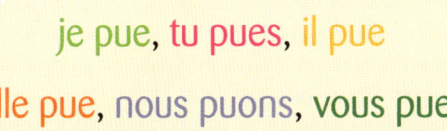

puer

je pue, tu pues, il pue

puer

je pue, tu pues, il pue

elle pue, nous puons, vous puez

ils puent et elles puent

6 Parlez et écrivez!

Donne la forme correcte du verbe.

Give the correct form of the verb.

Exemple: *1. Ils regardent la télévision.*

1. Ils (regarder) la télévision.
2. Il (manger) du chocolat.
3. Je (danser) à la musique pop.
4. Nous (écouter) la radio.
5. Tu (regarder) le film?
6. Vous (jouer) au tennis?
7. Elle (prépare) le dîner.
8. Elles (écouter) des CDs.

ON RÉFLÉCHIT!

Chante/Écris la chanson par cœur!

D Que fais-tu?

Learning objective

You will learn how to use some more regular verbs in the present tense.
You will learn to talk about different things you do.

ON COMMENCE!

a. Chantez la chanson (à la page 49).
b. Jouez au morpion avec le verbe jouer!

je	nous	il
elle	infinitif	vous
ils	tu	elles

jouer joue jouent joues joue
jouez joue jouons jouent

ON APPREND

1 Écrivez!

Un(e) ami(e) t'envoie un SMS.
A friend sends you a text message.

Que fais-tu?

Écris une réponse. Choisis un infinitif dans la boîte et change-le.
Write an answer. Use an infinitive from the box and change it.

Exemple: *1. Je prépare le dîner. 2. Nous dansons à la musique pop.*

1.

2.

3.

4.

5.

6.

jouer au foot manger du chocolat
regarder la télé écouter des CDs
danser à la musique pop préparer le dîner

J'AVANCE

In English, we can say 'I eat' or 'I am eating' in the present tense.
You might expect 'I am eating' to be translated word for word as Je suis manger but this is wrong. In French there is only one form of the present tense, using ONE word:
je mange = I am eating/I eat
tu manges = you are eating/you eat
and so on.

2 Parlez!

Personne A dit une phrase avec 'je' ou 'nous' mais dit 'beep' pour le verbe. Personne B dit la phrase complète.

*Person A says a sentence with '**je**' or '**nous**' but says '**beep**' for the verb. Person B says the whole sentence.*

Exemple:

A – Je **beep** un film.

B – Je **regarde** un film.

Change de rôle:

B – Nous **beep** au foot.

A – Nous **jouons** au foot.

3 Parlez! Prononciation!

Comment ça se dit?

1. Il danse.
2. Ils jouent.
3. Tu regardes…?
4. Nous préparons.
5. Elles mangent.
6. Ils écoutent. (Attention: Ils‿écoutent)

Écoute la cassette pour vérifier.

4 Lisez et écrivez!

Cherche ces verbes dans la section 'Vocabulaire' et écris l'anglais:

a. 

b. 

c. 

d. 

e. 

How many of these look like the English? List them.

5 Écrivez!

Exemple: *1. Je téléphone à ma grand-mère.*

1. Je  à ma grand-mère.
2. Il  la voiture.
3. Nous  l'internet.
4. Tu  au tennis?
5. Elles  des amies à la maison.
6. Ils  .

Et toi? Que fais-tu avec tes ami(e)s?

Exemple: *Je… Nous…*

ON RÉFLÉCHIT!

Personne A dit un verbe à l'infinitif.
Personne B jette un dé.

1 = je
2 = tu
3 = il/elle
4 = nous
5 = vous
6 = ils/elles

Exemple:

A – écouter

B –  nous écoutons

E Bienvenue au Loft!

Learning objective

You will learn how to listen to a passage of French and note the main points and some details.
You will learn the names of rooms in a house.

ON COMMENCE!

a. Écoutez! Choisis le bon mot.

1. je / j'ai / j'aime
2. aimer / aimons / aiment
3. joue / jouez / jouons
4. dansons / dansez / dansent
5. elle regarde / il regarde / je regarde
6. eternité / eternite / éternité

b. Parlez! Prononce:

1. regarder
2. ils regardent
3. vous regardez
4. il joue
5. écouter

Écoutez! Vérifiez!

ON APPREND

Voici le loft:

le poulailler = chicken coop

1 Écoutez et parlez!

Écoutez et répétez les noms des salles.

2 Écoutez!

Écris 1 à 12. Écris chaque fois la bonne lettre.
Exemple: *1. j*

3 Parlez!

Choisis une image et dis une phrase. Dans le loft, il y a un/une…

Exemple: *1. Dans le loft, il y a un confessionnal. (Attention: le > un ; la > une,*

1 

4 Parlez!

Et chez toi? Exemple: *Chez moi, il y a un séjour…*

J'AVANCE

When listening to some French, there are two types of information you can note: the *gist* (l'essentiel) and the *detail* (les détails).

gist: the main, most important points.

detail: this is extra information not essential for understanding the main points.

Don't panic! Just listen for the gist first time, then try to get more details the second time.

5 Écoutez et lisez!

Écoute et change a) l'essentiel b) *les détails.*

> J'habite dans un appartement à Brighton, *au bord de la mer*. Nous avons un *grand* séjour, une *petite* cuisine et trois chambres. Le week-end je joue au foot *dans le jardin*. J'adore mon chat *blanc*.

6 Écoutez!

Michel et Mégane Malsalle sont fous et sont toujours dans la mauvaise salle.

Michel and Mégane Malsalle are mad and always in the wrong room.

Écris a–h. Écris chaque fois l'activité (1–7) et la chambre. Exemple: *a. 6 la piscine*

1 

2 

3 

4 

5 

6 

7 

7 Écoutez!

Encore une fois! Tu peux ajouter un ou deux détails?

Listen again! Can you add one or two details?

- c'est qui? (Michel , Mégane , ou les deux )
- un autre détail. (**Exemple:** *C'est super!*)

ON RÉFLÉCHIT!

Écoutez!

Écris 1 à 3. Note a) l'essentiel et puis b) les détails. Comparez vos réponses!

F Ma chambre

Learning objective

You will learn how to put sentences together using different parts of speech.
You will learn words for objects in your room.

ON COMMENCE!

Qui sera millionnaire? Les adjectifs!
Who wants to be a millionnaire? Choose the correct adjective.

1. J'ai les yeux…
- **a.** bleu
- **b.** bleus
- **c.** bleue
- **d.** bleues

2. Il est…
- **a.** grand
- **b.** grands
- **c.** grandes
- **d.** grande

3. J'ai deux chiens…
- **a.** noire
- **b.** noir
- **c.** noires
- **d.** noirs

4. J'habite dans une… maison
- **a.** petites
- **b.** petite
- **c.** petit
- **d.** petits

5. Elles sont…
- **a.** intelligente
- **b.** intelligents
- **c.** intelligentes
- **d.** intelligent

Invente d'autres questions!

ON APPREND

1 Écoutez!

Regarde les images A–K. Écris 1–11. Écris les lettres A-K dans le bon ordre.

A

un lit

B

une armoire

C

des posters

D

une commode

E

une chaise

F

un ordinateur

G

une moquette

H

une télévision

I

un bureau

J

une chaîne stéréo

K

une lampe

2 Écoutez!

Écris 1 à 6 et note les objets mentionnés.
Tu peux noter un autre détail?
Write 1 to 6 and note down the objects listed.
Can you note another detail?

Exemple: 1. A (grand), D

3 Parlez!

Personne A dessine un objet.
Personne B devine. Puis changez de rôle.
Person A draws an object. Person B guesses. Then change roles.

Exemple:

B – Une chaise! **A** – Oui/non!

J'AVANCE

Try to use full sentences when you can. As in English, a sentence usually has a subject (un sujet) and a verb (un verbe):

J'ai un lit.

If there is a noun (un nom), add an adjective (un adjectif) to make it more interesting:

J'ai un lit confortable = I have a comfortable bed
J'ai un petit lit = I have a small bed

Most adjectives come *after* the word they describe, but petit and grand come BEFORE the noun!

You can then add an extra phrase to give more information:
J'ai un petit lit *dans ma chambre.*

4 Écrivez!

Écris ces phrases. Souligne:

le sujet **le verbe** **le nom** **l'adjectif**

Write these sentences out, underlining the subject, the verb, the noun and the adjective.

Exemple: *1. Elle habite dans une grande maison.*

1. Elle habite dans une grande maison.
2. J'ai un petit lit.
3. Nous avons une télévision moderne.
4. Ils ont une moquette bleue.
5. Il a deux chats noirs.

5 Écrivez!

Mets les mots dans le bon ordre. Commence avec le mot en gras.

Exemple: *1. J'ai une petite chambre – c'est nul.*

1. chambre petite une ai nul **j'** – c'est
2. un dans appartement habite **j'** petit
3. cheveux a longs les sœur petite **ma**
4. chaîne stéréo ai noire une **j'**
5. confortable un **j'** lit ai
6. avons – c'est télévision **nous** super grande une

6 Parlez!

Faites une conversation:

A – Où habites-tu?
B – J'habite dans…
A – Qu'est-ce qu'il y a chez toi?
B – Chez moi, il y a un séjour…
A – Ta chambre est comment?
B – Dans ma chambre, j'ai un lit…

ON RÉFLÉCHIT!

Travaille avec un partenaire. Chaque personne fait une phrase différente avec un mot de chaque cercle.

Each person makes a different sentence with one word from each circle.

Exemple: *Mon père habite dans une grande maison.*

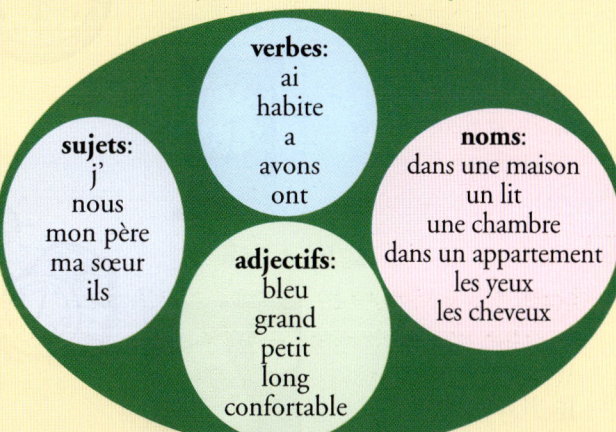

sujets: j' / nous / mon père / ma sœur / ils

verbes: ai / habite / a / avons / ont

adjectifs: bleu / grand / petit / long / confortable

noms: dans une maison / un lit / une chambre / dans un appartement / les yeux / les cheveux

G **Quelle heure est-il?**

Quelle heure est-il?

Learning objective

You will learn to tell the time.
You will learn some words you can use in different situations.

ON COMMENCE!

Jouez au lotto. Ton professeur te donne une carte. Complète la carte.

Play bingo. Your teacher will give you a grid. Complete the grid.

Écoutez. Complète une ligne horizontale.

Complete a line across.

ON APPREND

1 Écoutez!

Écris 1 à 7. C'est quelle image? Exemple: *1.b*

a. Il est sept heures

b. Il est neuf heures

c. Il est deux heures

d. Il est sept heures et demie

e. Il est neuf heures et demie

f. Il est midi

g. Il est minuit

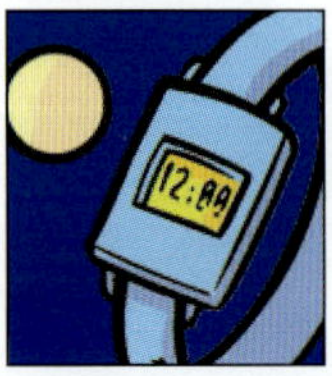

2 Parlez!

Personne A dessine une image a–g en secret. Personne B devine.

A draws a picture a–g in secret. B guesses which one.

Exemple:

B – Il est neuf heures et demie?

A – Non!

B – Il est midi?

A – Oui!

B – C'est f!

3 Écoutez et lisez!

a. Il est huit heures et quart

b. Il est trois heures et quart

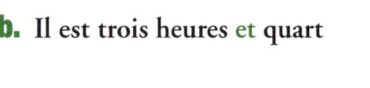

c. Il est sept heures moins le quart

d. Il est huit heures moins le quart

4 Écoutez!

Et quart ou moins le quart? Écris 1 à 4. Écris 'et' ou 'm'. Encore une fois. Regarde l'activité 3. Écris la bonne lettre a–d.

Quarter past or quarter to? Write 1 to 4. Write 'et' or 'm'. Then write the correct letter a–d from activity 3.

5 Parlez!

Fais un sondage. *Conduct a survey:*

A – Tu te lèves à quelle heure le week-end?
B – Je me lève à … heures (et…)

Tu te lèves à quelle heure le week-end?

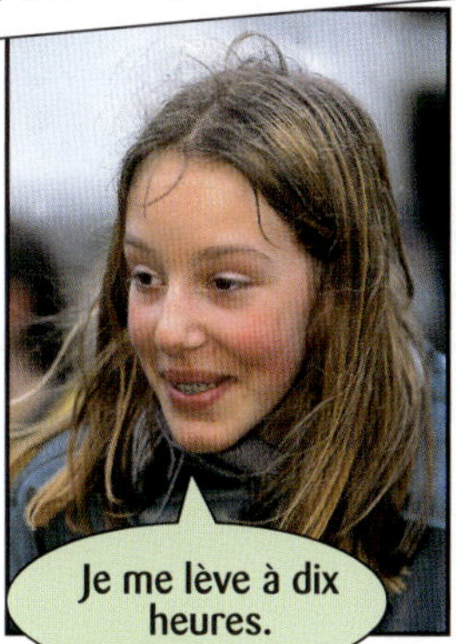

Je me lève à dix heures.

Je me lève à huit heures et demie.

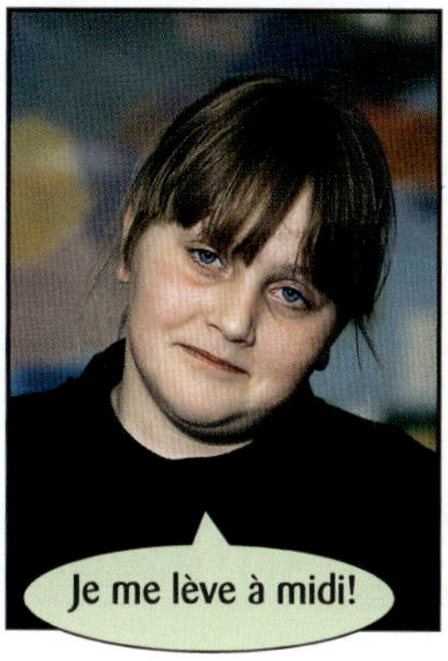

Je me lève à midi!

6 Lisez!

There are many words you can reuse.

Complète les mots:

Questions:

C _ m _ _ nt t'appelles-tu?
_ _ habites-tu?
Ton anniversaire, c'est q _ _ _ d?
Tu te lèves à _ ue _ _ e heure?

Pronouns:

_ _ m'appelle
e _ _ e a les yeux bleus

Phrases of time and place:

Le w _ _ k- _ _ _
_ dix _ eures
Che _ m _ _
D _ _ s ma chambre il _ a…

Linking words:

J'ai un chat _ _ un chien
J'ai un frère m _ _ s je n'ai pas de sœurs.

Can you think of others?
Keep a list of useful words in your book.

J'AVANCE

à quelle heure? means 'at what time?' Both **à** and **quel/quelle** are useful words that you will be able to reuse in different situations.
Here **à** means 'at' but what does it mean below?
J'habite à Birmingham.

Look out for other meanings of **à** as you go through *Avance* and note them in your exercise book.

ON RÉFLÉCHIT!

Utilise les mots et les phrases sur ces pages. Jouez au pendu!
Use the words and phrases on this page to play hang-man!

Ma routine

Learning objective

You will learn how to work out the main points of a sentence.
You will learn to talk about your routine.

ON COMMENCE!

Écris 1 à 6. Quelles phrases a–f correspondent aux descriptions? *Find matching descriptions.*

1. On parle des animaux.
2. Il donne une opinion.
3. Elle dit son âge.
4. Il décrit sa famille.
5. Elle parle de ses couleurs favorites.
6. Dans la phrase il y a un verbe et deux adjectifs.

a. "J'ai deux chiens et un lapin."
b. Il a les cheveux longs et blonds.
c. Simon: "C'est super et fantastique!"
d. Marie: "J'adore le rouge, et le bleu."
e. Alain: "J'ai un père, une mère et deux frères."
f. Susanne: "J'ai douze ans."

For sentences 1 to 5, write down the ONE word that was the biggest clue to finding the matching sentence.

ON APPREND

1 Écoutez et lisez!

2 Écoutez!

Écris A à L. C'est quelle phrase?

La routine d'Amine

1. Je me réveille à sept heures.
2. Je me lève à sept heures et demie.
3. Je me brosse les dents et je prends une douche.
4. Je m'habille.
5. Je suis en retard! Le bus arrive à huit heures!
6. Je prends le petit déjeuner à huit heures moins le quart.
7. Je prends le bus à huit heures.
8. J'arrive à l'école. Beurk!
ÉCOLE
SMACKS
9. Je rentre à la maison. Quelle journée!
10. Je téléphone à Manu.
11. Je regarde la télé: c'est un film de James Bond.
12. Je vais au lit.

3 Lisez!

Écris la bonne image (1–12) pour chaque phrase. Exemple: *a, 11*

a. I watch TV: it's a James Bond film.
b. I get dressed.
c. I phone Manu.
d. I go to bed.
e. I wake up at seven o'clock.
f. I arrive at school. Yuk!
g. I catch the bus at eight o'clock.
h. I return home. What a day!
i. I brush my teeth and take a shower.
j. I get up at half past seven.
k. I'm late! The bus arrives at eight o'clock.
l. I have breakfast at a quarter to eight.

4 Parlez et écrivez!

Et toi? Change les détails soulignés. Voici des idées:

And you? Change the details underlined in the cartoon. Here are some ideas:

3. je me lave: I wash   je prends un bain: I have a bath
5. le train/car arrive…: the train/coach arrives…
7. je vais à pied/en vélo: I go on foot/by bike
8. c'est super! c'est ennuyeux!
11. un film de Sarah Michelle Gellar

5 Parlez et écrivez!

Ma routine. Utilise les réponses dans l'activité 4 pour parler de ta routine à ton partenaire.
Exemples: *Je me réveille à sept heures. Je me lève à sept heures et quart.*

1  Je me _____ à ___ heures.

2  Je me _____ à ___ heures.

3  Je me _____ et je _____ .

4  Je m'_________.

5  Je _____ le ____ _______.

6 

J'_______ à l'école à ___ heures.

7  Je ______ à la maison.

8  Je ______ à ______.

9  Je _______ la télé: c'est un film de…

10  Je _______ au lit.

ON RÉFLÉCHIT!

What differences do you notice in the number of words you use and their order?
Example: La routine d'Amine = Amine's routine

Translate these words into English.

1. Je téléphone à Manu.
2. Je suis en retard.
3. Un film de James Bond.
4. Je me brosse les dents.
5. Je rentre à la maison.
6. Quelle journée!

1 J'écris ma vie …

Learning objective

You will learn to use what you have learnt so far to produce a short piece of speaking and writing.

ON COMMENCE!

Écrivez: 3 verbes (p6)**; 4 animaux** (p8)**; 5 mois** (p14)**; 4 membres de la famille** (p24)**; 6 adjectifs** (pp28–31)**; 5 objets dans la salle de classe** (p10)**; 3 salles** (p52)**; 3 objets dans ta chambre** (p54)

ON APPREND

J'AVANCE

You should now be able to put together all the different parts of Units 1–3 to give a short talk or write a short passage. Try to do this from memory as far as possible.

1 Lisez!

Mets ces phrases dans un ordre logique. Commence avec la phrase en vert.

Put these phrases into an order that makes sense. Start with the one in green.

Exemple: *Je m'appelle Vincent. J'ai douze ans. Mon anniversaire…*

1.

a. J'ai un frère et deux sœurs.
b. …c'est le trois mai.
c. Je m'appelle Vincent.
d. ….au bord de la mer.
e. J'ai douze ans.
f. Je n'ai pas de chat.
g. Mon anniversaire…
h. J'habite à Hastings dans une petite maison….
i. J'ai un grand chien qui s'appelle Louis.

2.

a. J'arrive à l'école.
b. J'ai un frère…
c. Je me lève à sept heures et quart.
d. Je suis assez petite.
e. Je m'appelle Rosalie.
f. Je me lave et je prends le petit déjeuner.
g. J'ai onze ans.
h. … mais je n'ai pas de sœurs.
i. J'ai les yeux bleus et les cheveux longs et bruns.

3.

a. Dans ma chambre…
b. J'ai douze ans.
c. Je joue…
d. Chez moi…
e. Je n'ai pas d'animaux à la maison.
f. …j'ai un lit, une grande armoire, un ordinateur et des posters.
g. Je m'appelle Jason.
h. …il y a un séjour, une cuisine, une salle à manger et trois chambres.
i. J'ai deux frères.
j. …au football et au tennis.

2 Lisez!

Lis les 3 textes dans l'activité 1 à haute voix.

Et toi? Personnalise les textes.

Read the 3 texts from activity 1 out loud.

And you? Personalise the texts.

3 Parlez!

Choisis une carte. Parle de toi-même.

1.

Nom?
Je m'appelle… (p2)

Âge?
J'ai… ans. (p14)

?

J'ai… (p25)
(Je suis fils/fille unique)

?

J'ai… (p26)

Mon anniversaire, c'est le… (p14)

?

J'habite… (p44)

?

?

au centre-ville/à la campagne (p46)

2.

Nom?
Âge?

?

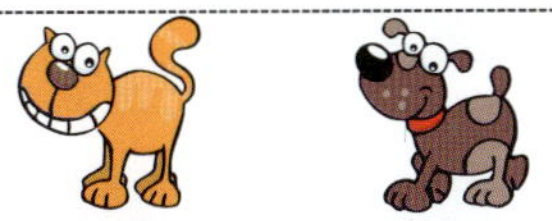
?

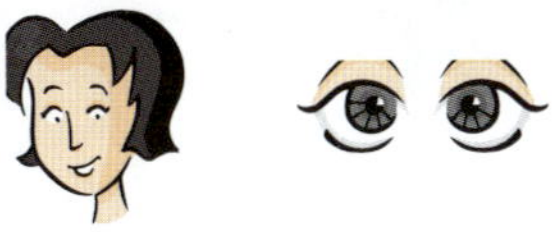
?

J'ai les… (p31)

Je me… (p57)

?

Je prends une… (p58)

?

Je prends le… (p58)

?

J'arrive… (p58)

?

3.

Nom?
Âge?

?

?

?

Chez moi, il y a… (p52)

Dans ma chambre, il y a… (p54)

?

J'aime… (p40)

?

Je déteste… (p40)

?

4 Écrivez!

Je m'appelle____. J'habite à ____ dans ____.
Chez moi, il y a … .
Dans ma chambre il y a … .
J'ai ____ ans. J'ai … et … . Mon anniversaire, c'est le ___.
J'ai les yeux ____ et les cheveux ____. Je me ____ à ___ heures et je … .
J'aime ____. Je déteste ______.

ON RÉFLÉCHIT!

Écris deux paragraphes.

1. Alain 12 frère chat
   le 12 décembre petite maison
   au centre-ville
2. Soraya 11 2 frères, 1 sœur
   yeux verts, cheveux longs et raides me réveille 7 heures petit déjeuner
   école 8h30

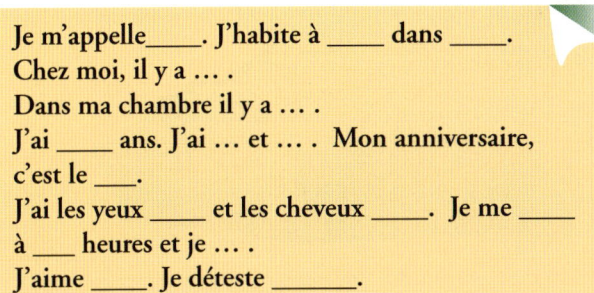

Lecture et Culture: La France

Learning objective

You will learn the names of important French towns, rivers, and mountains.

ON COMMENCE!

L'alphabet! Écris les noms de 5 personnes célèbres. Une personne épèle le nom, l'autre l'écrit.

Write the name of 5 famous people. One person spells the name, the other writes.

ON APPREND

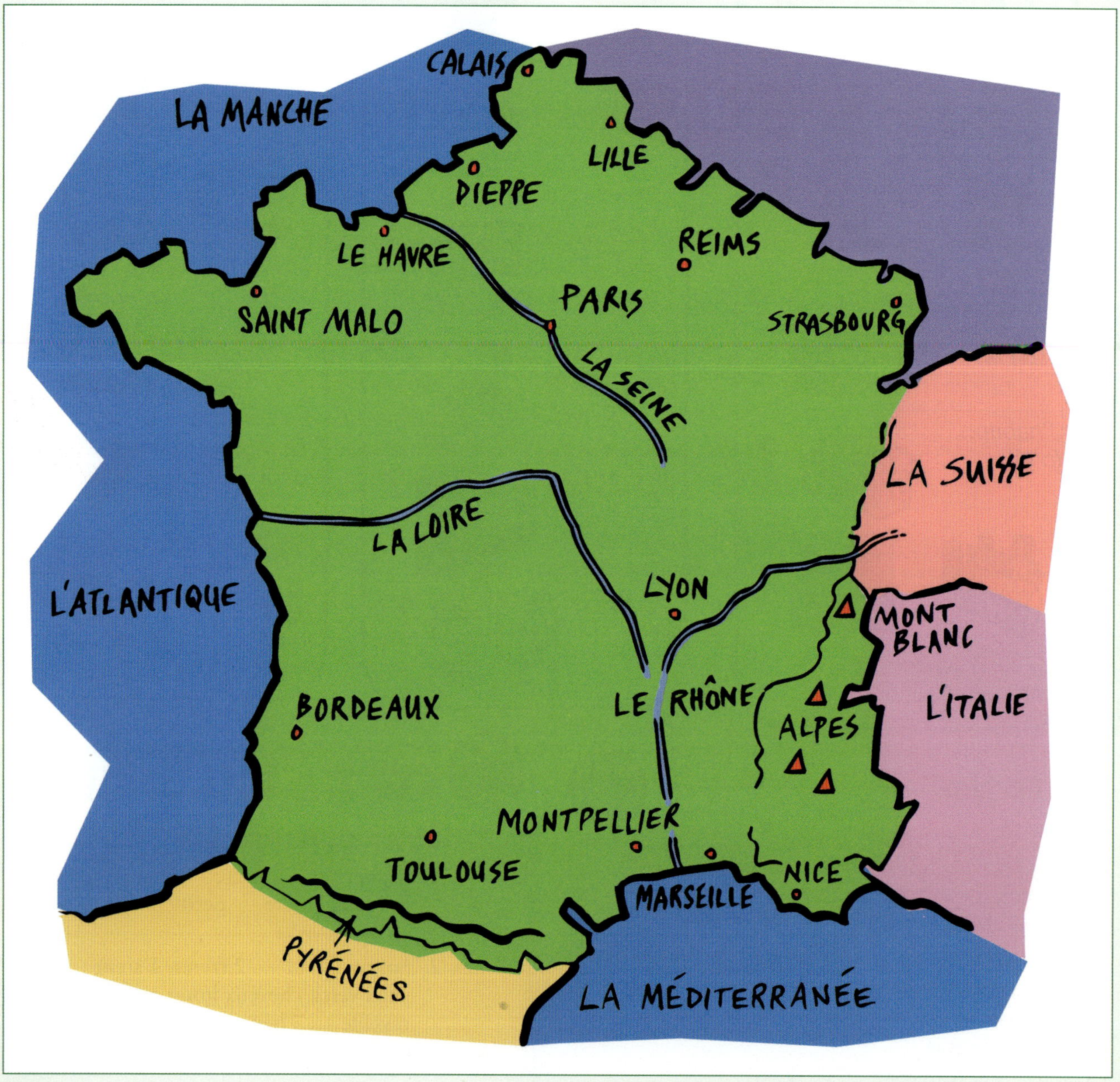

1 Quiz!

La France. Un petit quiz. Regarde la carte. *A quiz about France. Look at the map.*

1. *Quelle est la capitale de la France?*
   a. *Marseille*
   b. *Calais*
   c. *Paris*
2. *Quel nom* ***n'****est* ***pas*** *une rivière en France?*
   a. *Seine*
   b. *Tamise*
   c. *Loire*

3. *Qu'est-ce que c'est?*
   a. *L'Arc de Triomphe*
   b. *Le Louvre*
   c. *La Tour Eiffel*
4. *Trouve deux pays qui touchent à la France:*
   a. *le Portugal*
   b. *l'Italie*
   c. *le Canada*
   d. *la Suisse*
5. *Quel mot est le nom d'une montagne en France:*
   a. *Blanc*
   b. *Rouge*
   c. *Bleu*

6. *Quelles deux chaînes de montagnes sont en France?*
   a. *les Pyrénées*
   b. *les Rockies*
   c. *les Andes*
   d. *les Alpes*
7. *Regarde la carte. Trouve l'intrus:*
   a. *Calais* b. *Dieppe*
   c. *Lille* d. *Saint Malo*
8. *Regarde la carte de la France. Un autre nom pour la France, c'est:*
   a. *L'Hexagone* b. *Le Triangle*
   c. *Le Rectangle*

2 Écrivez!

Regarde la carte et trouve ces noms. Mets chaque mot dans la bonne colonne:
Look at the map and find these names. Put each name in the right column.

Villes	Rivières	Mers	Chaînes de montagnes
Paris			

Marseille Seine ~~Paris~~ Loire
Alpes Nice Bordeaux Le Havre
L'Atlantique Strasbourg Lille
La Manche Toulouse Pyrénées
La Méditerranée Lyon Montpellier
Reims Rhône

ON RÉFLÉCHIT!

Jouez au pendu! Une personne dit la catégorie: ville/rivière/mer/chaîne de montagne. Les autres doivent deviner le mot.
Play hangman. One person says the category, town/river/sea/mountain range. The others guess the word.

UNIT 4

EN VILLE ET À LA MAISON

A En ville

Learning objective

You will learn how to ask more questions.
You will learn how to ask for and give directions.

ON COMMENCE!

Contre la montre! Traduis les endroits en anglais. Utilise la section 'Vocabulaire'.
Exemple: *1. le stade = the stadium*

1. le stade
2. la piscine
3. la plage
4. le collège
5. le parc
6. la mosquée
7. la patinoire

J'AVANCE

To ask where a place is, use **où est** followed by the correct word for **the** and the place. Remember the word for **the** changes according to whether the noun is masculine, feminine or begins with a vowel or silent 'h'.

Masculine = le	Où est le stade?
Feminine = la	Où est la mosquée?
Beginning with a vowel or a silent h = l'	Où est l'école?

If the place is plural, use **où sont** followed by **les** and the place.

Plural = les	Où sont les magasins?

ON APPREND

1 Parlez!

Travaille avec un partenaire. Pose des questions: Où est …? / Où sont …? et trouve la bonne réponse. Exemple: *Où est l'église? Tournez à droite.*

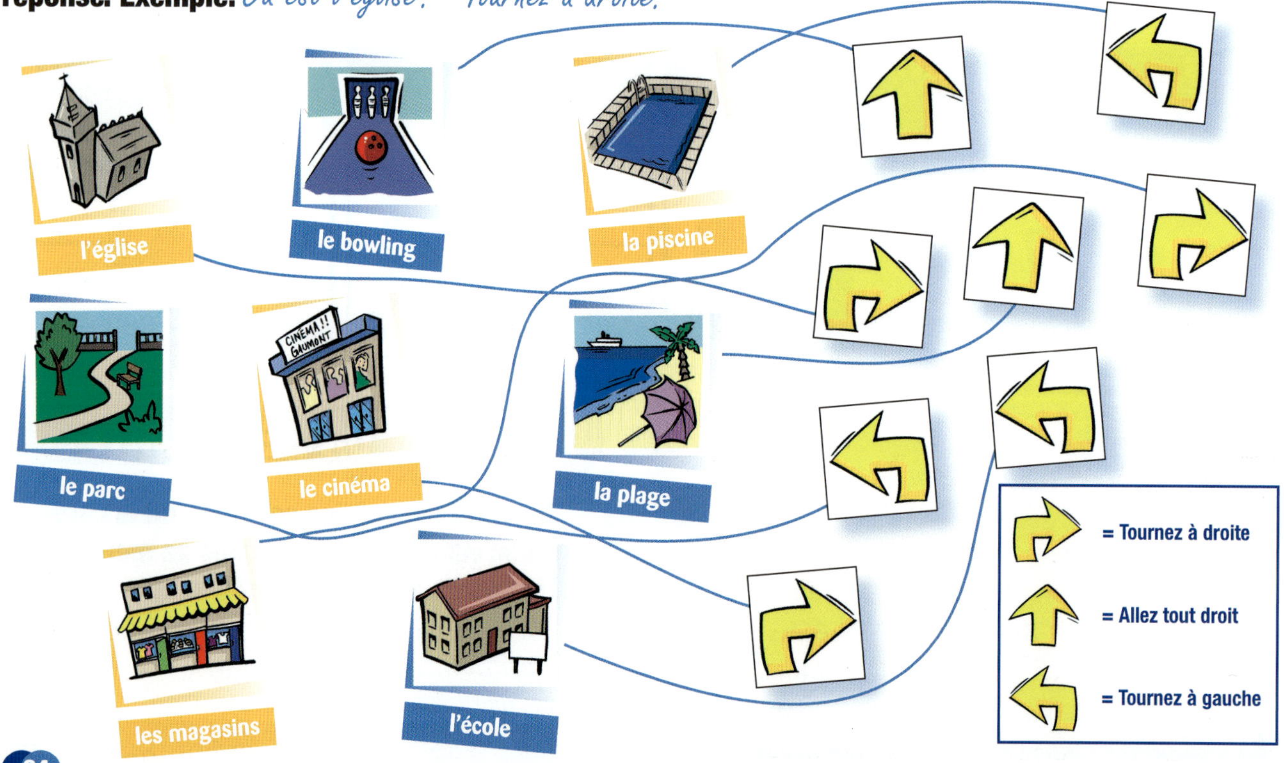

2 Parlez!

Test de mémoire! Recouvre les directions et pose des questions encore une fois.

3 Écoutez!

a. Écris 1 à 8. C'est quel endroit? Écris la bonne lettre. Exemple: *1. e*

b. Écoute encore une fois. C'est dans quelle direction? Écris le bon symbole. Exemple: *1.*

4 Parlez!

Travaille avec un partenaire.
Regarde les images et pose des questions.
Invente des directions.
Exemple:

5 Écrivez!

Mets les mots dans le bon ordre pour faire des questions.

Exemple: *1. Où est le collège?*

1. le est où collège?
2. mosquée la est où?
3. sont où magasins les?
4. est église où l'?

ON RÉFLÉCHIT!

Joue au morpion avec un partenaire. Pose des questions: où est...? ou où sont...?

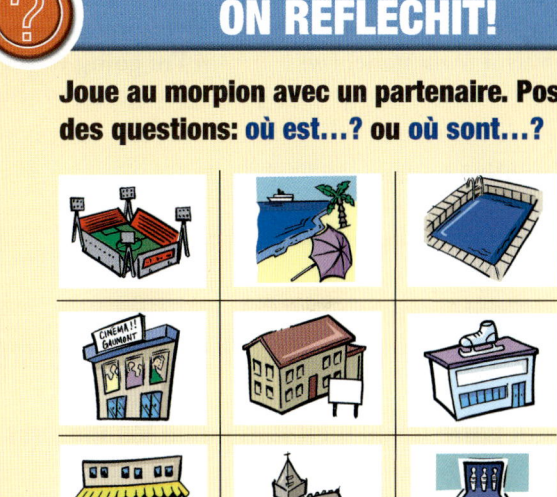

B Où vas-tu?

Learning objective

You will learn how to use the verb aller *and replace words in a sentence.*
You will learn how to say where you and other people are going.

ON COMMENCE!

Parlez! Travaille avec un partenaire. Personne A choisit un endroit. Personne B devine l'endroit.
Exemple:
A – Les magasins?
B – Non.
A – La patinoire?
B – Oui!

ON APPREND

1 Écoutez!

Écoute Buffy qui parle de ce qu'elle fait le week-end.
Remplis les blancs en français.
Exemple: *Le samedi je vais au parc.*

1. Le samedi je vais au _____.
2. Après je vais aux _____.
3. Je vais à la _____.
4. Je vais au _____.
5. Le dimanche je vais à l' _____.
6. Après je vais au _____.

J'AVANCE (1)

To say where you are going, use je vais, which means 'I'm going' or 'I go'.
Then add à plus the place you are going to.
Je vais *à la* piscine. = I'm going to the pool.
Je vais *à l'*église. = I go to (the) church.

Watch out! This is more complicated if you're going to a place that is masculine or plural in French.
Je vais ~~à le~~ *au* stade. (*m*) = I'm going to the stadium.
Je vais ~~à les~~ *aux* magasins. (*pl*) = I'm going to the shops.

Here is the rule in full. Learn it carefully, as it is very useful.

Masculine nouns =	à + le = *au* parc
Feminine nouns =	à + la = *à la* piscine
Nouns beginning with a vowel or silent 'h' =	à + l' = *à l'* église
Plural nouns =	à + les = *aux* magasins

2 Lisez!

Angel parle de ce qu'il fait. Copie les phrases et souligne les endroits où il va.

1. Le samedi je vais à la piscine.
2. Je vais au stade.
3. Après, je vais à la patinoire.
4. Je vais au cinéma le dimanche.
5. Je vais à l'école.
6. Je vais au bowling.

3 Écrivez!

Récris les phrases de l'activité 2, mais change les endroits.

Rewrite the sentences from activity 2, but change where Angel goes at the weekend. Replace the underlined places with different ones, but remember to choose places that are the same gender.

Exemple: 1. Le samedi je vais à la ~~piscine~~. plage

J'AVANCE (2)

Je vais comes from the verb aller, which means to go.
Aller is a very important verb, which follows its own pattern and so it is called an irregular verb.
You have already met two other irregular verbs, avoir and être.
As with all irregular verbs, aller needs to be learnt thoroughly!

je	vais	I go	nous	allons	we go
tu	vas	you go	vous	allez	you go
il / elle	va	he / she goes	ils (*m*) / elles (*f*)	vont	they go

Do you remember the difference between tu and vous?

4 Écrivez!

Regarde les images et choisis la bonne partie du verbe *aller*. Écoute et vérifie.

Exemple: 1. Nous allons au stade.

1. Nous vont/allons au stade.

2. Où vas/vais-tu?

3. Je vais/va à la mosquée.

4. Charlène allez/va au collège.

5. Il vont/va au parc.

6. Luc et Robert allez/vont au cinéma.

7. Où allez/allons-vous?

8. Elles va/vont au bowling.

ON RÉFLÉCHIT!

a. Lie les questions et les réponses. Exemple: 1. d

1. Où vas-tu?
2. Où va Camille?
3. Où va Jean?
4. Où allez-vous?
5. Où vont Mohammed et Luc?
6. Où vont Cécile et Rachida?

a) Ils vont à l'école.
b) Il va aux magasins.
c) Nous allons à la piscine.
d) Je vais à la patinoire.
e) Elles vont au bowling.
f) Elle va au stade.

b. Invente des autres réponses aux questions. Exemple: 1. Je vais à la plage.

C J'aide à la maison

Learning objective

You will practise using verbs that end in -er.
You will learn how to say what you and others do to help at home.

ON COMMENCE!

Travaille avec un partenaire. Personne A dit le français.
Personne B traduit en anglais. Change de rôle.

How many of these verbs did you remember from Unit 3?

danser regarder préparer le dîner téléphoner
laver surfer jouer

ON APPREND

1 Écoutez et lisez!

Laure a beaucoup de tâches ménagères à faire avant le retour de sa mère.

Salut Laure. Tu veux aller au cinéma?
Je veux bien, mais la maison est en désordre!
Pas de panique! Je passe l'aspirateur et je débarrasse la table.
Et je balaye le plancher et je cire les chaussures.
Moi, je prépare le dîner et je range les assiettes.
Et nous travaillons dans le jardin et nous lavons la voiture.
Mais, Laure, qu'est-ce que tu fais?
Bah, je regarde la télé, bien sûr!

2 Parlez!

Travaillez à trois. Pose la question: Qu'est-ce que tu fais pour aider à la maison?
Exemple: *Je passe l'aspirateur et je lave la voiture.*
Qui aide le plus?

J'AVANCE

The present tense is used to talk about:
– what is happening now: Je regarde la télé. = I'm watching TV.
– what normally happens: Le dimanche elle prépare le dîner. = On Sundays, she prepares the dinner.

Look back at pages 48–49 to remind yourself how to form the present tense of regular verbs that end in –er.

3 Lisez!

Travaille avec un partenaire. Il y a combien de verbes à l'infinitif?

débarrasserassiettescirepréparerrangertabletravaillertélébalayechaussurespasser

4 Lisez et écrivez!

Trouve les tâches ménagères absurdes et change les verbes.

Exemple: *Je ~~regarde~~ l'aspirateur = Je passe l'aspirateur.*

1. Je regarde l'aspirateur.
2. Nous passons la voiture.
3. Il cire les chaussures.
4. Elles débarrassent le dîner.
5. Ils lavent l'aspirateur.
6. Je balaye les assiettes.
7. Il range le plancher.
8. Elle prépare le déjeuner.

5 Écrivez!

Invente des tâches ménagères absurdes!

Make up your own bizarre tasks – give them to a partner to correct.

6 Écrivez!

Remplis les blancs avec la bonne forme du verbe.

Exemple: *Je regarde la télé.*

Je _________ la télé. (regarder)
Il _________ l'aspirateur. (passer)
Céline et Ahmed _________ dans le jardin. (travailler)
Tu _________ les assiettes? (ranger)
Nous _________ la voiture. (laver)
Ils _________ le dîner. (préparer)

ON RÉFLÉCHIT!

Parlez à trois!

Create 6 vocabulary cards with the infinitives of some of the lesson's verbs.
Throw a verb dice. Test each other – how many can you get right?

Exemple: *Je lave la voiture.*

D Je fais le ménage

Learning objective

You will learn how to use the verb faire.
You will learn how to say more household tasks.

ON COMMENCE!

Travaille avec un partenaire! Personne A choisit une tâche ménagère et fait un mime. Personne B devine l'activité. Un point pour chaque réponse correcte!

Exemple: B – Tu cires les chaussures? A – Oui!

ON APPREND

1 Écoutez!

Écoute Malcolm qui parle de sa famille et ce qu'ils font pour aider à la maison. Écris 1 à 6. Lie les personnes et les tâches ménagères. Exemple: *1c ...*

Link Malcolm's family with the household tasks they do.

1. Malcolm
2. Reese
3. Dewey
4. Reese et Dewey
5. Mon père
6. Ma mère

a.

faire la cuisine

b.

faire les courses

c.

faire mon lit

d.

faire la lessive

e.

faire le ménage

f.

faire la vaisselle

g.

faire le repassage

h.

faire le jardinage

i.

faire mes devoirs

2 Parlez!

Travaille avec un partenaire. Personne A choisit une personne de la famille de Malcolm et dit ce qu'il ou elle fait pour aider à la maison. Personne B devine la personne.

Exemple:
A – Je fais la vaisselle.
B – Tu es Dewey?
A – Oui!

3 Écrivez!

Imagine que tu es Malcolm. Qu'est-ce qu'on fait pour aider chez toi? Remplis les blancs.
Exemple: *1. Je fais mon lit et mes devoirs.*

1. Je fais mon ______ et mes ______.
2. Reese fait la ______.
3. Dewey fait la ______.
4. Reese et Dewey font du ______.
5. Mon père fait le ______.
6. Ma mère fait la ______, le ______ et les ______.

J'AVANCE

When talking about what you do to help at home, lots of phrases use the verb faire, which means 'to do' and 'to make'. It is an important irregular verb and it needs to be learnt!

je fais	I do/make	nous faisons	we do/make
tu fais	you do/make	vous faites	you do/make
il/elle fait	he/she does/makes	ils/elles font	they do/make

To know whether faire means to do or to make, look at the meaning of the whole sentence.

Je fais le ménage = I do the housework
Je fais mon lit = I make my bed

4 Écoutez!

Écoute la chanson et regarde les images de l'activité 1. Écris les lettres des activités que tu entends.

5 Lisez et écrivez!

Remplis les blancs.
Exemple: *Moi je fais le repassage*

Moi je ______ le repassage
Tu ______ le ménage
Il ______ la vaisselle dans la Loire
Elle ______ ses devoirs
Nous ______ le lit

Que ______-vous, à Paris?
Thom, Laurent et Sandrine
Eux ils ______ la cuisine
Moi je ______ le repassage
Tu ______ le ménage !

6 Écoutez!

Écoute et vérifie.

7 Chantez!

Chante la chanson et apprends-la par cœur.

ON RÉFLÉCHIT!

Parlez! Qu'est-ce qu'on fait pour aider chez toi?

Je …
Ma sœur …
Mon père …
Mes parents …

Qui fait le plus?

Who does the most?

E Chez moi

Learning objective

You will learn how to give more details in your sentences.
You will learn how to say where, how often and who you do household tasks with.

ON COMMENCE!

Travaille avec un partenaire. Personne A lit un mot. Personne B décide si c'est un membre de la famille ou une pièce.

une sœur · un salon · une cuisine · une chambre · une grand-mère · une mère · une salle de bains · un père

ON APPREND

1 Écoutez et lisez!

Écoute et lis les phrases. Lie les phrases et les bonnes images. Exemple: *1. f*

1. Je fais mon lit avec mon frère.
2. Je fais le jardinage avec mon chien.
3. Je balaye le plancher avec ma sœur.
4. Je cire les chaussures avec mes sœurs.
5. Je lave la voiture verte avec mon père.
6. Je débarrasse la grande table avec mes frères.

a.

b.

c.

d.

e.

f.

2 Parlez!

Travaille avec un partenaire. Faites des phrases à tour de rôle.
Exemple: *Je débarrasse la table dans la salle à manger avec ma mère.*

J'AVANCE

When speaking and writing in French try to make your sentences as interesting as possible. Although you have not been learning about things you do at home for very long, you can still add extra information from what you have learnt before.

Already in this lesson, you have added information about where you do certain activities and who you do them with.
You can also say how often you do each activity:

Je fais le repassage tous les jours	= I do the ironing every day
Je range le salon une fois par semaine	= I tidy the sitting room once a week
Je fais la cuisine trois fois par semaine	= I do the cooking three times a week

3 Lisez!

Chez la famille Ménage, les quatre enfants aident un peu.
Regarde la grille.

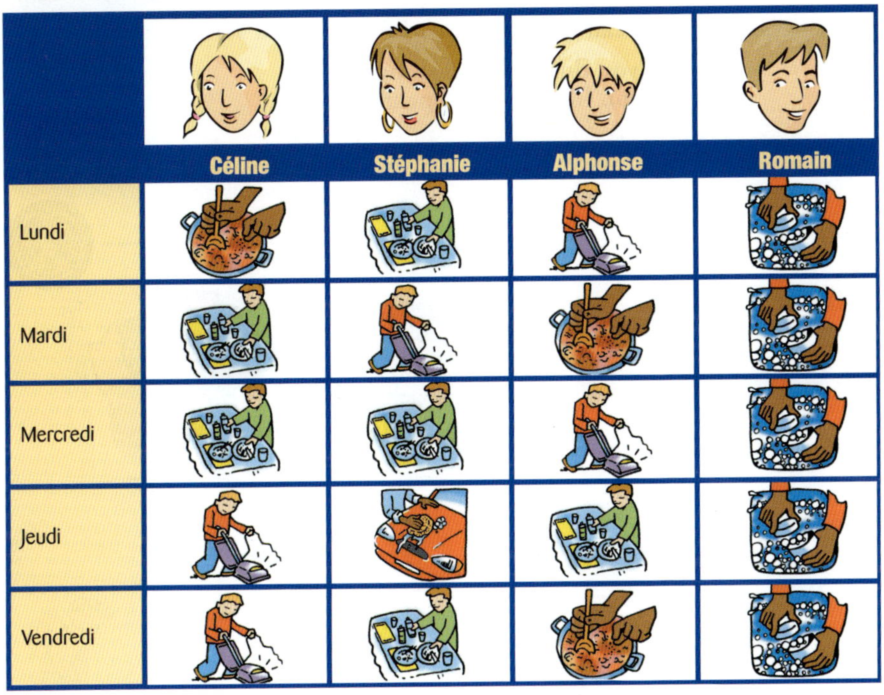

Vrai ou faux?

Exemple: *1. Faux*

1. Céline fait la cuisine deux fois par semaine.
2. Stéphanie lave la voiture tous les jours.
3. Alphonse passe l'aspirateur deux fois par semaine.
4. Romain fait la vaisselle quatre fois par semaine.
5. Alphonse fait la cuisine trois fois par semaine.
6. Céline passe l'aspirateur tous les jours.

4 Écrivez!

a. Corrige les phrases fausses.
Exemple: *Céline fait la cuisine une fois par semaine.*

b. Écris quatre autres phrases.

ON RÉFLÉCHIT!

Joue au morpion avec un partenaire!
Your teacher will give you a grid. Say the activity, but add at least one extra detail each time: where you do the activity, who with or how often you do it.

Exemple: *Je fais le jardinage une fois par semaine avec ma sœur.*

F Encore des questions!

Learning objective

You will learn how to form more questions.
You will learn how to ask what someone does to help at home.

ON COMMENCE!

Travaille avec un partenaire! Personne A pose des questions et personne B répond en phrases complètes.
Changez de rôle.

1. Comment t'appelles-tu?
2. Où habites-tu?
3. Tu as quel âge?
4. Tu as des frères ou des sœurs?
5. Tu as un animal?
6. Tu habites dans une maison ou dans un appartement?

ON APPREND

J'AVANCE (1)

If the question you're asking has a yes or no answer, you can use **est-ce que** followed by a verb.

Est-ce que tu fais la vaisselle?	= Are you doing the washing up?
Est-ce que tu aimes Britney Spears?	= Do you like Britney Spears?

If you're speaking, remember to raise the pitch of your voice and when writing, don't forget the question mark.

1 Parlez!

Travaillez à trois. Personne A choisit une action. Personnes B et C posent des questions pour deviner ce qu'il fait. Commence la question avec Est-ce que ...?

Exemple: **B** – **Est-ce que** tu fais la vaisselle?
A – Non.
C – **Est-ce que** tu balayes le plancher?
A – Oui!

J'AVANCE (2)

If you want to ask someone **what** they are doing, use **qu'est-ce que...?**

Qu'est-ce que tu fais?	= **What** are you doing?
Je regarde la télé.	= I'm watching TV.

Qu'est-ce que can also be used with other verbs to find out information:

Qu'est-ce que tu aimes?	= **What** do you like?
J'aime les chats.	= I like cats.
Qu'est-ce que tu manges?	= **What** are you eating?
Je mange un sandwich.	= I'm eating a sandwich.

2 Parlez!

Travaille avec un partenaire. Personne A choisit une personne. Dis ce que tu fais à la maison. Personne B devine qui tu es.

Exemple:

B – Qu'est-ce que tu fais pour aider à la maison?

A – Je fais la lessive, et je lave la voiture.

B – Est-ce que tu es Amandine?

A – Oui!

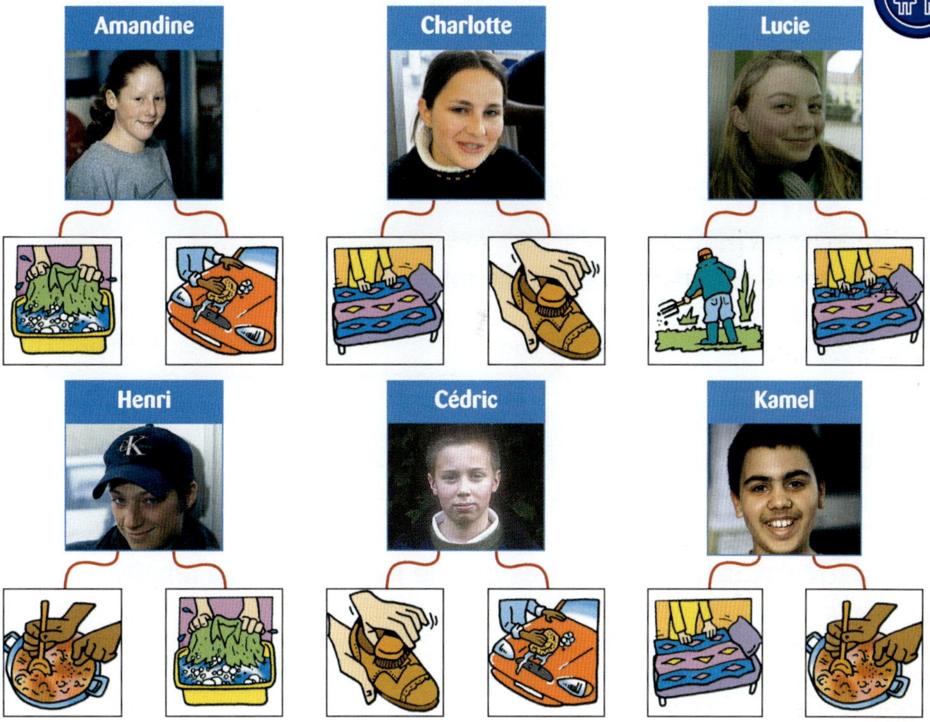

3 Lisez!

Lie les questions et les réponses.

Exemple: *1. d*

1. Qu'est-ce que tu aimes?
2. Qu'est-ce que tu fais?
3. Qu'est-ce que tu manges?
4. Qu'est-ce que vous regardez?
5. Qu'est-ce que vous faites?
6. Qu'est-ce que vous lavez?

a) Je fais la vaisselle.
b) Nous travaillons dans le jardin.
c) Nous lavons la voiture.
d) J'aime les lapins.
e) Nous regardons "Eastenders".
f) Je mange un steak.

4 Écoutez!

a. Écoute les questions et remplis les blancs avec qu'est-ce que ou est-ce que.

Exemple: *Est-ce que tu as un frère?*

__________ tu as un frère?
__________ vous regardez?
__________ tu fais la vaisselle?
__________ vous faites pour aider à la maison?

b. Tu n'entends plus la question entière. C'est qu'est-ce que ou est-ce que?

*You will no longer hear the start of the question. Write down if you think it should be **qu'est-ce que** or **est-ce que**.*

__________ tu ranges ta chambre?
__________ tu fais?
__________ vous aimez les chats?
__________ vous avez un stylo?

5 Écoutez!

Écoute et vérifie.

ON RÉFLÉCHIT!

*When do you use **est-ce que** to start a question?*
*When do you use **qu'est-ce que**?*
Write 3 examples of each question type.

G L'école de magie

Learning objective

You will learn how to read a text, work out the meaning of new words and use a glossary.
You will learn how to understand a text about household tasks.

ON COMMENCE!

Contre la montre! Mets les mots suivants en ordre alphabétique.

cheval chic chapeau chien chat chanson château cheveux

ON APPREND

1 Lisez!

Sylvie parle des tâches ménagères qu'elle fait à l'école de magie.

Read about what Sylvie does to help at her magic school.
Don't worry if you don't understand everything the first time you read the text, but do look at the pictures first to see if they help you with some of the new words.

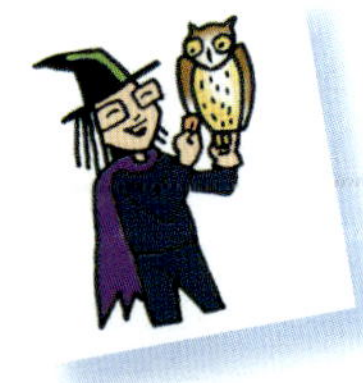

À l'école de magie, je fais beaucoup de tâches ménagères. Je fais mon lit et je range le dortoir avec Luc. Après le petit déjeuner je donne à manger à mon hibou. Luc, Karim et moi nous lavons les chaudrons et je répare ma baguette magique.

J'AVANCE (1)

When reading a passage in French, even if there are a few words that you don't understand, look first for the words that you have met before.

You can also use your knowledge of English to help you understand French texts, as many words are very similar. These words are called real friends, or vrais amis.

Be careful! Not every French word that looks like an English word means the same thing. For example un chat means 'a cat' and NOT 'a chat'. Words like these are called false friends, or faux amis.

2 Lisez!

Travaille avec un partenaire. Identifie et écris une liste

a. des mots que tu comprends

Exemple: *à l'école = at school*

b. des vrais amis. Vérifie-les dans la section 'Vocabulaire' ou un dictionnaire.

Exemple: *magie = magic*

3 Lisez!

Travaille avec un partenaire. Est-ce qu'il y a d'autres mots que tu connais?

Now look at the remaining words in the text. Are there any words left which you can understand, thanks to your knowledge of magic schools or your understanding of the rest of the text?

Exemple: *le dortoir = the dormitory*

4 Lisez!

Travaille avec un partenaire. Cherche les mots qui restent dans la section 'Vocabulaire' ou dans un dictionnaire.

Finally, look up any remaining words in the vocabulary section or in a dictionary.

J'AVANCE (2)

When you look up the meaning of a word, always remember to record certain details. As well as writing what it means in English, write down what type of word it is – verb, adjective – and if it's a noun write down whether it's masculine or feminine.

It is also a good idea to note whether it is a word which you might use when talking about other topics as well – that way you know that it is an important word and well worth learning!

5 Écrivez!

Remplis la grille avec de nouveaux mots.

Fill in all the words that you looked up in a grid like this one.

French	English	Type of word	Could I use it in other situations?
petit déjeuner	breakfast	Noun – masculine	✓

6 Lisez!

Travaille avec un partenaire. Lis la deuxième partie du texte.

Read the second part of the text about Sylvie's tasks.
Go through the text step by step as you did with the first part.
Make a list in English of the other tasks she has to do.
Remember to record any new vocabulary.

Le soir je fais des tâches ménagères. Je vais au dortoir et je fais mes devoirs. Après, je cire mon balai magique et je lave ma robe. Je répare mes lunettes et Luc, Karim et moi, nous nettoyons la salle des trophées, je déteste ça! Et enfin, je promène mon chat.

ON RÉFLÉCHIT!

How would you advise another student to read a text containing new words and phrases?
Write a series of steps that should be followed.

H Comment ça s'écrit?

Learning objective

You will learn how to check your written work for mistakes.
You will learn how to look for mistakes in a text about household tasks.

ON COMMENCE!

Contre la montre! Utilise un dictionnaire pour remplir la grille.

	nom	adjectif	verbe
a …	animal (m)	amusant	aller
c …			
f …			

ON APPREND

1 Lisez!

Comment ça s'écrit? Choisis le bon mot.

la vaisele	la vaisselle	la vaiselle
ma soer	ma sœur	ma seour
je fay	je fais	je fait
les devoirs	les duvoirs	les devors
mon pere	mon pair	mon père

2 Parlez!

Travaille avec un partenaire. Compare tes réponses avec celles de ton/ta partenaire.

J'AVANCE (1)

When checking your spellings, look first of all in your notes.

If the word isn't there, or if you think that your notes are wrong, you should check in the French section of a glossary or dictionary.

This is simple if you have spelt the first few letters of the word correctly, but if you haven't you may find it easier to look up the word in the English section and check the translation.

3 Lisez!

Lis ce texte et cherche les fautes d'orthographe. Il y a une erreur par ligne.

Read the text and look for spelling mistakes. There is one mistake per line.

Exemple: Je m'appelle Samuel et j'ai doze ans.

1. Je m'appelle Samuel et j'ai doze ans.

2. Je fais mon lis le matin.

3. Je débarrasse la table après le petit dejener.

4. Je fais la vaissele.

5. Je vais au collège et après je promène mon chein.

6. Je travaille dans le jardan.

4 Écrivez!

Corrige les fautes!
Exemple: *Je m'appelle Samuel et j'ai douze ans.*

J'AVANCE (2)

You should also check your work for any mistakes made when writing verbs. The easiest way to check these is to use a verb table like the ones at the back of this book or in a dictionary.

When checking an irregular verb like avoir or être simply look up that verb in the verb tables and look for the tense you need. The whole verb is written out in full, so you need to make sure that you check the correct subject of the verb.

j'	ai	nous	avons
tu	as	vous	avez
il/elle	a	ils/elles	ont

7 Lisez!

Travaille avec un partenaire! Samuel continue à parler des tâches ménagères. Il a fait huit erreurs! Corrigez-les!

Samuel has continued to write about his home. He has made 8 errors in all. Can you find them all and correct them?

Mon père aide beaucoup à la maisone aussi. Il va aux magazins et il fais les courses. Mon frere Luc ai dix-neuf ans. Il fait la cuisine. Mes sœurs sont huit et six ans. Elles fait la vaisselle après le dîner. J'adore ma famile!

5 Écrivez!

Utilise la section 'Grammaire' pour avoir, être, faire et aller pour choisir la bonne partie de chaque verbe.

*Use the verb lists for **avoir, être, faire** and **aller** to choose the right part of each verb.*

1. J'ai/as une sœur.
2. Elle as/a un chat.
3. Il est/es petit.
4. Nous sont/sommes anglais.
5. Je fait/fais le jardinage.
6. Ils fait/font le lit.
7. Je vais/vas au stade.
8. Où allez/vas -tu?

6 Lisez!

Utilise la section 'Grammaire' pour avoir, être, faire et aller pour chercher et corriger des erreurs dans les phrases suivantes. Il y en a six au total.

*Use the verb lists for **avoir, être, faire** and **aller** to find and correct the six errors in the following sentences. Watch out! Not all the sentences have errors!*

1. <u>J'a</u> un chien et un lapin.
2. <u>Nous avons</u> les cheveux longs et noirs.
3. <u>Les stylos sommes</u> bleus et verts.
4. Est-ce que <u>tu fait</u> la vaisselle chez toi?
5. Nous faions du jardinage le week-end.
6. Elle es grande et très amusante.
7. Nous allons aux magasins.
8. Elle vas à la piscine à sept heures.

ON RÉFLÉCHIT!

How do you check your work?
What sort of mistakes do you have to look out for?
What can you use to help you check your work?

1 Les tâches ménagères dans les pays francophones

Learning objective

You will learn about household tasks in French-speaking countries and practise reading aloud.
You will learn how to say more household tasks.

ON COMMENCE!

Travaille avec un partenaire. Fais une liste en français de toutes les tâches ménagères que tu connais!

Boucherville, Québec

Paris, France

St Denis, La Réunion

ON APPREND

1 Lisez!

Travaille avec un partenaire. Sonia, Samuel et Léon parlent au sujet des tâches ménagères. Qu'est-ce qu'ils font pour aider à la maison? Choisis les bonnes images pour Sonia, Samuel et Léon.
Exemple: a = Léon

Je m'appelle Samuel. J'habite à Paris. Je fais mon lit et je vais chercher le pain tous les jours. Je n'ai pas de jardin mais j'arrose les plantes sur le balcon.

Je m'appelle Sonia. J'habite au Québec. Pour aider à la maison, je passe l'aspirateur. En hiver je déneige devant le garage, parce qu'il neige beaucoup. En été j'aime travailler dans le jardin.

Je m'appelle Léon. J'habite à St Denis. Je fais les courses avec mon père et je cire le plancher. Je n'ai pas de jardin mais je balaye la cour parce qu'il y a toujours beaucoup de sable. C'est ennuyeux!

a.

b.

c.

d.

e.

f.

g.

h.

i.

2 Écoutez et lisez!

Écoute et lis une conversation entre Sonia, Samuel et Léon.

Léon: Alors, Sonia, qu'est-ce que tu fais pour aider à la maison?

Sonia: Je travaille dans le jardin avec mon frère. Nous avons un grand jardin.

Samuel: Je n'ai pas de jardin parce que j'habite dans un appartement. J'arrose les plantes sur le balcon. Et toi, Léon?

Léon: Je cire le plancher. Le samedi je fais les courses au marché.

Sonia: J'aime les marchés, mais je fais les courses au supermarché avec ma mère.

Samuel: Moi aussi je fais les courses – je vais chercher le pain tous les jours.

J'AVANCE (1)

In Unit 1 you learnt that in French you usually don't pronounce the "s" at the end of words.
This rule can also affect other letters, such as "t" and "d". Read and listen to this extract from the conversation. The letters that are not pronounced have been underlined.

Alors, Sonia, qu'est-ce que tu fais pour aider à la maison?

Sometimes you do pronounce letters that are normally silent. Compare these examples:

J'habite dans un appartement. Je travaille dans le jardin.

Can you think why this is?

3 Écrivez!

Travaille avec un partenaire. Copie cette liste de mots. Souligne toutes les lettres qu'on ne prononce pas.

alors appartement plantes jours marchés grand et

4 Écoutez!

Écoute et vérifie!

J'AVANCE (2)

In Unit 1 you also learnt how to pronounce certain combinations of letters and accents in French. Listen to these words and then repeat them, paying careful attention to how the highlighted letters are pronounced.

que jardin plancher moi marché mère

5 Parlez!

Travaille avec un partenaire. Comment est-ce qu'on dit les mots suivants?

How do you say the following words and phrases?

Robin frère toi chercher Qu'est-ce que aider supermarché

6 Écoutez!

Écoute et vérifie!

7 Parlez!

Travaillez à trois. Lis la conversation de l'activité 2 à haute voix.

ON RÉFLÉCHIT!

Discute avec un partenaire. Quelles tâches ménagères dépendent de l'endroit où Samuel, Sonia et Léon habitent? Pourquoi?

Which of the tasks in activities 1 and 2 are related to where Sonia, Léon and Samuel live? Can you think of reasons for this?

J Lecture et Culture: Le Petit Chaperon Rouge

Learning objective

You will listen to and read a fairy tale in French.

ON COMMENCE!

Travaille avec un partenaire. Qu'est-ce qui se passe dans l'histoire du Petit Chaperon Rouge?

You are about to read and listen to a French version of the fairy tale 'Little Red Riding Hood'. To prepare yourselves before reading it, try and remember as much as you can about the story.

ON APPREND

1 Écoutez et lisez!

Écoute et lis le conte de fées du Petit Chaperon Rouge.

Il était une fois un Petit Chaperon Rouge.

Elle porte des gâteaux et un petit pot de beurre à sa grand-mère.

En chemin, elle rencontre un loup.
"Qu'est-ce qu'il y a dans ton sac?" demande le loup.
"Il y a des gâteaux et un petit pot de beurre pour ma grand-mère", répond-elle.

Le loup va directement à la maison de la grand-mère.

Il arrive avant le Petit Chaperon Rouge et il mange sa grand-mère! Après, il se couche dans son lit.

Le Petit Chaperon Rouge arrive chez sa grand-mère.
"Oh, grand-mère, comme vous avez de grandes oreilles!"
"C'est pour mieux t'entendre."
"Oh grand-mère, comme vous avez de grands yeux!"
"C'est pour mieux te voir."

"Oh grand-mère, comme vous avez de grandes dents!"
"C'est pour mieux te manger!"
Et le loup avale le Petit Chaperon Rouge!

Un peu plus tard, un chasseur entre dans la maison et il voit le loup.
Avec un grand couteau, il coupe son estomac. Il en fait sortir la grand-mère et le Petit Chaperon Rouge!

Tout est bien qui finit bien!

2 Lisez!

Travaille avec un partenaire. Trouve:

- Une couleur
- Un animal
- Trois parties du corps
- Trois adjectifs

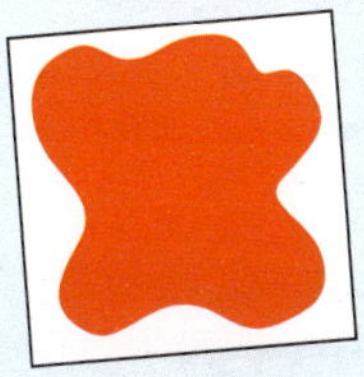

3 Parlez!

Travaillez à trois. Personne A lit la phrase. Personnes B et C décident qui dit la phrase, le loup ou le Petit Chaperon Rouge.

Oh grand-mère, comme vous avez de grandes dents!

C'est pour mieux te manger!

Il y a des gâteaux et un petit pot de beurre.

Comme vous avez de grands yeux!

C'est pour mieux te voir!

C'est pour mieux t'entendre!

Qu'est-ce qu'il y a dans ton sac?

4 Lisez!

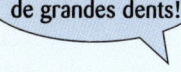

Qu'est-ce qui se passe dans l'histoire? Mets ces phrases en ordre.

a. Un chasseur sauve la grand-mère et le Petit Chaperon Rouge.
b. Le loup mange la grand-mère.
c. Le Petit Chaperon Rouge va chez sa grand-mère.
d. Le loup arrive chez la grand-mère avant le Petit Chaperon Rouge.
e. Elle rencontre un loup.
f. Le loup mange le Petit Chaperon Rouge.

5 Lisez!

Trouve le français pour les phrases suivantes.

Once upon a time…
On the way she meets a wolf.
He arrives before Little Red Riding Hood and he eats her grandmother!
Oh grandmother, what big ears you have!
All the better to eat you with!
And the wolf swallows Little Red Riding Hood.
He takes out the grandmother and Little Red Riding Hood.
All's well that ends well!

ON RÉFLÉCHIT!

Similar fairy stories exist in many different languages. Why do you think this is? Look at the titles of these fairy stories in French. Can you work out their titles in English?

Les Trois Petits Cochons
Blanche Neige et les Septs Nains
La Belle au Bois Dormant
Boucle d'Or et les Trois Ours
Alibaba et les Quarante Voleurs
Cendrillon

UNIT 5

UNE JOURNÉE

A Les matières

Learning objective

You will learn how to form a simple negative.
You will learn how to talk about different school subjects and say whether or not you like them.

ON COMMENCE!

Cherche l'intrus.

1. mardi février vendredi lundi
2. écouter jouer faire puer
3. chat hamster gomme chien
4. sœur chambre vaisselle cahier
5. cheveux table yeux crayons

Invente d'autres questions.

ON APPREND

1 Écoutez!

Écoute les matières. Écris a–n. C'est quelle matière? Exemple: *a. 4*

2 Parlez!

Une personne dit un numéro, l'autre dit la matière.
Exemple:

A – Trois!

B – La géographie.

3 Parlez!

Tu as quels cours aujourd'hui?

What lessons do you have today? Cover up the French!

Exemple: *Aujourd'hui, j'ai...*

4 Écoutez!

J'aime **Je n'aime pas**

Écris 1-5. Écoute les 5 phrases.

Écris ♥ ou ♥ barré.

J'AVANCE

Do you remember that you need ne...pas around the verb to form a negative?
You can use this with any verb. Ne shortens to n' before a vowel:

j'aime → je n'aime pas = I don't like
je joue → je ne joue pas = I'm not playing

You also need the definite article with a noun (le / la / les) after aimer:
j'aime le dessin / la technologie/ les chats
je n'aime pas le chocolat / la musique pop / les sciences

5 Écoutez!

Écris 1 à 7. Qui parle?

a. Nicolas
b. Coralie
c. Julien
d. Ali
e. Rébecca
f. Juliette
g. Olivier

6 Parlez!

Une personne parle des matières. C'est qui?
Exemple: A – J'aime l'allemand, mais je n'aime pas le sport.
B – Rébecca?
A – Oui!

7 Parlez!

Et toi? Lis la conversation puis change les mots bleus.

A – Tu aimes quelle matière?
B – J'aime l'anglais et toi ?
A – J'aime les maths. Tu n'aimes pas quelle matière?
B – Je n'aime pas les sciences et toi ?
A – Je n'aime pas la technologie.

8 Écrivez!

Écris une phrase avec 'et' et 'mais'.
Exemple: *J'aime l'anglais et les maths, mais je n'aime pas les sciences.*

ON RÉFLÉCHIT!

Menteur / Menteuse! *Liar!*
Jette le dé et dis le contraire avec 'tu'.
Throw the dice and say the opposite with 'tu'.
Attention:  *Tu ne fais pas tes devoirs!*

1. Je fais mes devoirs.
2. Je lave la voiture.
3. Je passe l'aspirateur.
4. Je fais les courses.
5. Je travaille dans le jardin.
6. Je débarrasse la table.

B J'adore le français!

Learning objective

You will explore more ways of learning words.
You will learn to say how you love/hate/prefer certain subjects.

ON COMMENCE!

Écris les mots qui sont au pluriel:

litparentsvaislapinscheveuxsœurtrousseoiseauxcuisinechiensanimalseize

Invente un autre exemple!

ON APPREND

1 Parlez!

Complète chaque phrase pour donner une opinion sur des personnes / des groupes célèbres.

Ma célébrité préférée, c'est…

J'adore…

OK — Ça va…

Je déteste…

Je préfère..

2 Écoutez et lisez!

A – Quelle est ta matière préférée?
B – Ma matière préférée, c'est l'histoire et toi?
A – J'adore les maths.
B – Les maths, ça va. Qu'est-ce que tu n'aimes pas?
A – Je déteste les sciences. Je préfère le sport. Et toi?
B – Je déteste la géographie. Je préfère la récré!

'la récré' = 'la récréation'. Qu'est-ce que c'est en anglais?

3 Parlez!

Travaille avec un partenaire. Lis le dialogue à haute voix, puis change les mots bleus.

4 Écoutez et écrivez!

Quel détail est faux: a, b ou c? Corrige le détail faux si possible.

1. Souad

a. 

b. 

c. + 

2. Myriam

a. 

b. 

c. + 

3. Xavier

a. 

b. 

c. 

4. Nathan

a. 

b. 

c. OK 

5 Écrivez!

Regarde encore les images pour l'activité 4. Choisis 2 personnes et écris un paragraphe pour chaque personne.

J'AVANCE

Can you remember the tips for learning words in Unit 1 (see page 16)? Below are some other ways to help you memorise words (activities 6–8).

6 Chantez!

In a song, for remembering verbs giving likes and dislikes:

J'adore l'anglais
J'aime le français
Et les maths?
Bof! Ça va!
Je n'aime pas les sciences
Je déteste la musique
Je préfère
la récré!

7 Écrivez!

By learning nouns in pairs that rhyme:
Complète les mots. Exemple: *l'anglais – le français*

l'anglais le f_____	musique l'in_____
géographie la te_____	l'éducation physique l'éducation c_____

8 Écrivez!

By putting words into categories yourself in your exercise book:
Mets les mots dans la bonne catégorie.

noms	verbes	adjectifs

la musique, l'histoire, aimer, super, préférer, adorer, la matière, détester, le français, nul

ON RÉFLÉCHIT!

Note all the words on these pages and on pp 84–85 which are similar to the English. Example: la musique, les maths, adorer

G Le français, c'est super!

Learning objective

You will learn to give a reason using parce que *(because).*
You will learn to say why you like or dislike a subject.

ON COMMENCE!

a. Complète les phrases pour ton / ta partenaire:

1. Il / elle adore… (un groupe de musique pop)
2. Il / elle aime… (personne célèbre)
3. Il / elle n'aime pas… (émission de télé)
4. Il / elle déteste… (groupe)
5. …… , ça va. (matière)

b. C'est vrai pour ton / ta partenaire? Il / elle dit oui / non. Changez de rôle.

Exemple: A – Tu adores Blue?
B – Non.
A – Tu aimes Kylie?
B – Oui!

ON APPREND

1 Écoutez et lisez!

Écoute et lis les opinions.

1. c'est intéressant
2. c'est super
3. c'est amusant
4. le / la professeur est super
5. le / la professeur est horrible
6. c'est ennuyeux
7. c'est nul
8. c'est facile
9. c'est difficile

2 Lisez!

Trouve l'anglais pour chaque opinion de l'activité 1.

a. the teacher is great
b. it's boring
c. it's great
d. it's fun
e. it's rubbish
f. it's interesting
g. the teacher is horrible
h. it's difficult
i. it's easy

3 Écrivez!

Complète ces phrases avec une matière.
Exemple: *1. Le français, c'est super!*

1. _______ , c'est super!
2. _______ , c'est amusant!
3. _______ , c'est ennuyeux!
4. _______ , c'est nul!
5. _______ , c'est difficile!

4 Parlez!

Lis tes phrases à ton / ta partenaire.
Il / elle dit: 'd'accord' ou 'tu plaisantes!'
Read the sentences to your partner.
He / she says 'agreed' or 'you're joking!'
Exemple: **A** – Le français, c'est super!
B – D'accord!

J'AVANCE (1)

Do you remember how to combine two sentences using et and mais (see page 40)? You can also use parce que (because) to give a reason for why you like or dislike something: J'aime le français parce que c'est amusant.

5 Parlez!

Utilise la grille à la page 89 pour compléter les phrases.

A – Tu aimes quelles matières?
B – J'adore… parce que… Et toi?
A – J'adore… parce que…
B – Quelles matières est-ce que tu n'aimes pas?
A – Je déteste/Je n'aime pas… parce que… Et toi?
B – Je déteste/Je n'aime pas… parce que…

J'adore	le dessin	le français	parce que	c'est intéressant
J'aime	la géographie	la musique		c'est super
Je n'aime pas	la technologie	l'anglais		c'est amusant
Je déteste	l'espagnol	l'allemand		c'est ennuyeux
	l'histoire	l'informatique		c'est nul
	les maths	les sciences		c'est facile
	l'éducation physique et sportive			c'est difficile
	l'éducation civique			le / la prof est super
				le / la prof est horrible

6 Écrivez!

Écris une version complète du dialogue dans ton cahier.

J'AVANCE (2)

We don't just want to be able to say:
...parce que c'est... = ...because it's...
We may also want to say:
... parce qu'il est... = ...because he is...
...parce qu'elle est... = ...because she is...
What happens to parce que in the last two examples? Why?

ON RÉFLÉCHIT!

a. Traduis en anglais:

J'aime Robbie Williams parce qu'il est beau.
J'aime ma sœur parce qu'elle est intelligente.

b. Utilise un dé pour faire des phrases.

Exemple: *1. J'adore The Simpsons parce que c'est intéressant.*

	1. émission de TV	parce qu'il est	super
	2. homme célèbre	parce qu'elle est	amusant
	3. sorte de musique		intéressant
	4. matière	parce que c'est	ennuyeux
	5. femme célèbre		nul
	6. un film		beau/belle*

*beau/belle = handsome/pretty

D Qu'est-ce que tu as fait au collège?

Learning objective

You will learn how verbs you already know change in the past.
You will learn how to talk about what you did at school.

ON COMMENCE!

Écoutez. Écris 1 à 4. Dessine les personnes. Invente d'autres exemples!

ON APPREND

1 Écrivez!

a. *Do you remember these verbs in the present tense?*

Trouve l'anglais! Exemple: *1. I play*

1. Je joue **2.** Je téléphone **3.** Je mange.
4. Je regarde. **5.** J'écoute. **6.** Je fais

I play I watch I listen
I phone I do I eat

b. Écris l'infinitif de chaque verbe en français.

2 Écoutez!

a. Hier j'ai passé la journée à l'école.

Le matin

b. J'ai écouté la professeur.

c. J'ai fait les maths.

d. J'ai parlé à mes amis.

L'après-midi

e. J'ai mangé à la cantine.

f. J'ai joué au foot.

Le soir

g. J'ai regardé la télé.

h. J'ai fait mes devoirs.

Le week-end

i. Aujourd'hui, c'est samedi. J'écoute mes CDs.

3 Écoutez!

Écris 1 à 9. C'est quelle image a–i?

4 Lisez!

Trouve l'anglais.

1. hier
2. le matin
3. l'après-midi
4. aujourd'hui
5. le soir
6. le week-end

a. in the afternoon
b. today
c. in the morning
d. at the weekend
e. yesterday
f. in the evening

5 Parlez et écrivez!

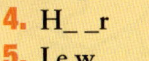

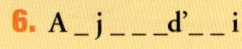

Complète les mots de l'activité 4.

1. Le s _ _ _
2. Le m _ t _ n
3. L' après- m _ d _
4. H_ _r
5. Le w_ _ _-_n_
6. A _ j _ _ _d'_ _ i

J'AVANCE

At this stage, you just need an idea of how you talk about something in the past. The main thing is to be able to recognise it. You will get a fuller explanation later.

What are the differences between the present and past forms of this regular verb (jouer) in the the je form?

present (le présent)	past (le passé)
Je joue au foot	J'ai joué au foot.

And for this irregular verb (faire)?

au présent	au passé
Je fais mon lit	J'ai fait mon lit.

What do both the sentences in the past have in common?

6 Écoutez et lisez!

Écris 'passé' ou 'présent.'

Exemple: *a. présent*

a. Je joue au foot.
b. J'ai regardé la télé.
c. J'écoute la radio.
d. Je fais mon lit.
e. Je fais mes devoirs.
f. J'ai écouté le professeur.
g. J'ai joué au tennis.
h. J'ai fait mes devoirs.
i. Je regarde un film.
j. J'ai fait le ménage.

7 Parlez et écrivez!

Complète les phrases au passé.

Exemple: *a. J'ai fait mes devoirs.*

a. J'ai  mes devoirs.

b. J'ai 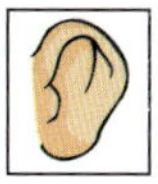 le professeur.

c. J'ai  au foot.

d. J'ai p _ss_ la journée à l'école.

e. J'ai  les maths.

f. J'ai  la télé.

g. J'ai  à mes amis.

Et toi? Qu'est-ce que tu as fait à l'école hier?

ON RÉFLÉCHIT!

Regarde les phrases dans les deux activités 5 et 7.
Mets les deux ensemble.

Look at the sentences in activities 5 and 7.
Put the two together.

Exemple: *1. Le soir, j'ai fait mes devoirs.*

E Quel prof!

Learning objective

You will learn to pick out the main points and some of the details in a listening passage.
You will learn how to describe a teacher.

ON COMMENCE!

Écoute et écris 1 à 7. Pour chaque question, trouve et écris:

1. un adjectif
2. un verbe
3. un nom
4. un verbe
5. un adjectif
6. un nom
7. un adjectif

Exemple: *1. grande*

ON APPREND

1 Écoutez et lisez!

Voici Madame Magie. C'est la prof de rêve.

Elle est patiente.	Elle est gentille.	Elle est juste.	Elle est amusante.	Elle explique bien.

Voici Monsieur Macho. C'est le prof infernal.

Il est impatient.	Il est sévère.	Il est injuste.	Il est sérieux.	Il explique mal.

2 Écoutez!

C'est qui? Écris 1 à 10. Écoute l'adjectif et écris 'Macho' ou 'Magie'.

3 Écrivez!

Fais deux listes.

m	f
patient	*patiente*

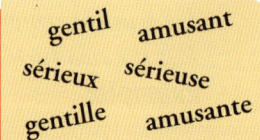

gentil amusant
sérieux sérieuse
gentille amusante

J'AVANCE (1)

Note down the adjectives in activity 3 so you can talk about your own teachers in lesson F (pp 94–95) Use some of the techniques you have learnt to memorise them!

Écoute et chante:

Macho est sérieux
Magie est amusante
Macho est strict
Magie est patiente
Macho est très sévère
Magie est très gentille
Elle explique bien!

4 Lisez et écrivez!

Lis et complète les descriptions.

Monsieur Miracle est prof de rêve.
Il est p______, g ________, j_______, a_______ et il explique b____.

Madame Mal est prof infernale.
Elle est im_______, s ________, in________, s_______ et elle explique m________.

J'AVANCE (2)

It can help with a listening passage if you listen for certain words or types of words. This helps you to focus on the gist (l'essentiel): activity 5.

It's also useful to know the topic area it's about. You can then try to predict some of the precise words you might hear. This helps you to focus on the detail (les détails): activity 6.

5 Écoutez!

Lève la main chaque fois que tu écoutes a) une matière b) une opinion.

Raise your hand each time you hear a) a subject b) an opinion.

6 Écrivez!

Tu vas écouter 6 descriptions. Écris 1 à 6. Prédis quels mots dans la boîte vont avec quelle description 1 à 6. Exemple: *1. j'adore, ...*

You are going to hear 6 descriptions. Write 1 to 6. Predict which words in the box go with which description 1 to 6.

1. Mes matières préférées
2. Les matières que je n'aime pas
3. Un prof infernal
4. Un prof de rêve
5. Une journée typique à l'école
6. Hier à l'école

c'est intéressant — je déteste… — J'écoute le professeur. — J'ai joué au foot. — j'adore… — strict — gentil — J'ai fait les maths. — Je mange à la cantine. — ennuyeux — sérieux — patient — j'aime — c'est super

7 Écoutez!

Écoute pour vérifier.
Un point pour chaque prédiction correcte!

Listen to check. One point for each correct guess!

ON RÉFLÉCHIT!

Tu vas écouter 8 phrases. Prédis deux mots possibles pour chaque phrase. 1 point si c'est correct.

Exemple: *1. Guess: longs, blonds (Text: "J'ai les cheveux longs") = 1 point*

1. Une description de mes cheveux : un adjectif
2. Mes animaux: un nom
3. Un prof infernal: un adjectif
4. Mes matières préférées: une opinion
5. Chez moi: une chambre
6. Hier à l'école: un verbe au passé
7. Un prof de rêve: un adjectif
8. Une journée typique à l'école: un verbe au présent

F On change!

Learning objective

You will learn how to adapt a text by changing the nouns, adjectives and verbs in it.

ON COMMENCE!

Écris 1 à 8. Pour chaque question écris N (nonsens) ou S (sens).
Exemple: *1. Je déteste les maths. C'est super! N*

ON APPREND

1 Lisez!

Écris les 5 adjectifs.
Exemple: *grand, ...*

Il est grand. Il a les cheveux blonds et les yeux bleus.
Il est impatient et sérieux.

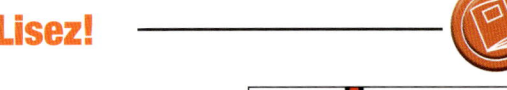

Le prof infernal

2 Écrivez!

Change les adjectifs dans l'activité 1. Fais une description de ce prof de rêve.

Utilise les adjectifs dans la boîte.

Exemple: *Il est...*

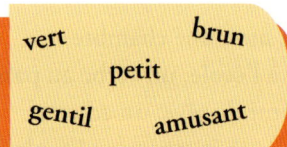

vert, brun, petit, gentil, amusant

J'AVANCE

You can adapt a text by taking out some words and replacing them with others.

This is called substitution. You must replace words with ones that are of the same type.

– You can change the verb:
J'aime le français. → J'adore le français.

– Change a noun:
J'aime le français. → J'aime les maths.

– Change the adjective:
M. Macho est strict. → M. Macho est sérieux.
Mme Magie est stricte. → Mme Magie est sérieuse.

3 Écrivez!

Change 3 adjectifs dans l'activité 1. Fais une description de cette prof infernale.
Exemple: *Elle est ...*

4 Parlez!

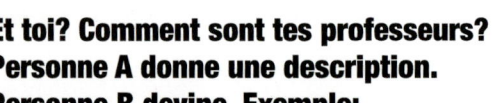

Et toi? Comment sont tes professeurs? Personne A donne une description. Personne B devine. Exemple:

A – C'est un prof infernal. Il est grand, sévère et impatient.

B – Monsieur Stephens! (Change de rôle)

B – C'est une prof de rêve. Elle est…

5 Parlez!

a. Quel nonsens! Change les adjectifs pour donner un sens au texte.

Change the adjectives so the text makes sense.

Exemple: *Ma matière préférée, c'est l'anglais parce que c'est intéressant.*

b. Et toi? Change les noms des matières.

Ma matière préférée, c'est l'anglais parce que c'est ennuyeux. J'adore le français parce que c'est difficile. J'aime les maths parce que c'est nul. Le sport, ça va. Je n'aime pas les sciences parce que c'est super. Je déteste le dessin parce que c'est intéressant.

6 Parlez et lisez!

Regarde le texte. Joue et change le texte!

Exemple: 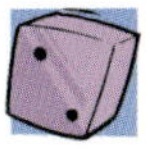 *J'aime l'espagnol*

J'adore l'espagnol. C'est super. Mon prof est grand et amusant. Il a les yeux bleus et les cheveux longs. Je déteste le sport. À l'école je travaille et je parle.

Change:

1 un adjectif	2 un verbe	3 un nom et un adjectif	4 un adjectif
8 avance 5 cases	7 deux adjectifs	6 avance 3 cases	5 deux noms
9 un verbe et un nom	10 un adjectif	11 un nom	12 recule 5 cases
16 trois adjectifs	15 un verbe et un adjectif	14 tout le texte!	13 deux verbes

ON RÉFLÉCHIT!

Jouez aux 'Conséquences'. Ton professeur te donne une feuille.

G Mon collège

Learning objective

You will learn to produce a piece of text using pictures and sentence starters to help you.
You will learn how to talk about your school.

ON COMMENCE!

Lis ces trois mots à haute voix:
histoire; biologie; récréation
Compare avec l'anglais:
history = histoire
biology = biologie
recreation = récréation

Écris 1 à 10. Le mot se prononce comme:

a. histoire?
b. biologie?
c. récréation?

Écris le mot si possible.
Exemple: *1. a. armoire*

ON APPREND

1 Écoutez!

Trouve la bonne image pour chaque phrase.

1. Mon collège s'appelle Grange Hill.
2. Mon collège se trouve à Londres.
3. Il y a neuf cents élèves.
4. Les cours commencent à neuf heures.
5. Les cours finissent à trois heures et demie.
6. La récréation est à dix heures et demie.
7. La pause-déjeuner est à une heure.
8. Mon collège est grand.
9. Mon collège est vieux.
10. Mon collège est moderne.

a.

b.

c.

d.

e.

f.

g.

h.

i.

j.

2 Lisez!

Trouve le français dans les phrases 1 à 10 pour:

a. modern
b. my school
c. break
d. lessons
e. pupils
f. lunch break
g. begin
h. finish

3 Parlez!

Remplace les images avec les mots dans la boîte puis complète le dialogue pour ton collège.

A – Comment s'appelle ton  ?

B – Mon  s'appelle ____________.

A – Il est comment ton  ?

B – Mon collège est  et 

A – Il y a combien d'  ?

B – Il y a _____ cents 

A –  commencent à quelle heure?

B –  commencent à _____ heures.

les cours collège vieux/moderne grand/petit élèves

4 Écrivez!

Complète les réponses pour ton collège.

a.  Mon…

b. 

? Il y a…

c. Où? Mon collège se…

d. Mon collège est… 

e. Mon collège est… 

f.  Les cours…

g.  Les cours…

h.  La…

i.  La pause…

5 Écrivez!

Écris un paragraphe sur ton collège. Utilise tes réponses dans l'activité 4.

ON RÉFLÉCHIT!

Regarde l'activité 4. Personne A dit une lettre a–i, personne B dit une phrase sur son collège. Exemple:

A – c

B – Mon collège se trouve à Plymouth.

H Tu parles!

Learning objective

You will learn to evaluate and improve what you say about school.
You will practise writing a short text about school.

ON COMMENCE!

Discutez.
Personne A:

À mon avis	la musique de…	est	super.
	Chelsea		génial.
	Jennifer Aniston		fantastique.
	le skate		horrible.
			nul.

Personne B:
Je suis d'accord/Je ne suis pas d'accord.
Exemple:

A – À mon avis Manchester United est génial.

B – Je ne suis pas d'accord. Manchester United est nul.

ON APPREND

1 Parlez!

a. Lis le dialogue avec un / une partenaire et change les mots bleus.
b. Par cœur.

A – Quelle est ta matière préférée?

B – Ma matière préférée, c'est les maths parce que c'est intéressant. Et toi?

A – J'adore le français parce que c'est amusant. Qu'est-ce que tu n'aimes pas?

B – Je n'aime pas le dessin parce que c'est ennuyeux. Et toi?

A – Je déteste le sport parce que le prof est impatient.

J'AVANCE

When you are speaking, especially if it's from memory, there's a lot to think about.

You don't only have to watch *what* you say but *how* you say it. You need to pay attention to:

1. Pronunciation (C'est bien dit)
2. Accuracy (C'est correct)
3. Fluency (On n'hésite pas)
4. Independence (C'est indépendant)

Match the question below (a–d) to the term above (1–4).

a. are the correct vocabulary and verbs used?
b. is there a lot of stopping and starting?
c. are the French words said correctly?
d. do you work without much support from your teacher, book, notes …?

2 Écoutez!

Listen to another pair. Give marks out of 3 for:

C'est bien dit? C'est correct? On n'hésite pas? C'est indépendant?

1= ça va 2= bien 3= très bien

3 Parlez! Un mini-exposé

Regarde la description d'un collège à la page 96.
Utilise les images pour faire un mini-exposé.

Mon collège... 

et se trouve à 
Il est...  / 

et...  / 
Il y a... 
Les cours... 
et... 

La récréation... 
J'  /  mon collège.

4 Écrivez!

Utilise les images pour écrire une description de ton collège.

ON RÉFLÉCHIT!

Écoute un exposé.

Give marks out of 3 as in activity 2.
Make suggestions for improvement under the four headings of:
Pronunciation Accuracy Fluency Independence

1 Lecture et Culture: On lit!

Learning objective

You will learn how to give your impressions of a text before reading it more closely.

ON COMMENCE!

Cherche l'intrus.

1.	elle danse	je regarde	elle écoute
2.	je mange	ils mangent	il a mangé
3.	elle habite	ils habitent	il habite
4.	tu laves	tu manges	tu vas
5.	tu as	tu es	nous avons
6.	je fais	je travaille	je danse
7.	j'avance	je parle	j'habite
8.	tu te lèves	elle se lève	elle se lave

ON APPREND

1 Écoutez et lisez!

1. C'est un article

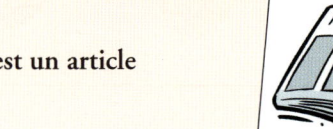

2. C'est une bande dessinée

3. C'est une publicité

4. C'est une histoire drôle

5. C'est une histoire vraie

6. Il s'agit d'une personne célèbre

7. C'est une recette

2 Parlez!

Une personne dit un numéro, l'autre décrit le texte.
Exemple:
A – 3 !
B – C'est une publicité.

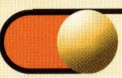

J'AVANCE

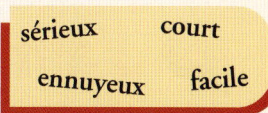

Most of the words in activity 3 you will have met in different topic areas.

J'ai les cheveux *longs* or J'aime l'anglais. C'est *facile*.

You can *reuse* these words in different contexts, like when describing a text.

3 Lisez!

Complète la grille: trouve le contraire.

long	
difficile	
intéressant	
drôle	

sérieux court ennuyeux facile

4 Parlez et écrivez!

Complète la phrase 'Je pense que c'est…' pour chaque image. Utilise les adjectifs dans la grille de l'activité 3.

Exemple: *a. Je pense que c'est facile.*

a.

b.

c.

d.

e.

f.

g.

h.

5 Écoutez!

Écris 1 à 5. Regarde les images a–h de l'activité 4. Écoute, et pour chaque description, écris une lettre. Exemple: *1. f*

6 Parlez et écrivez!

Décris les articles. Utilise les réponses de l'activité 5 pour faire des phrases.

Exemple: *1. C'est une publicité. C'est court.*

ON RÉFLÉCHIT!

Utilise les phrases pour parler d'un texte.

Exemple: *C'est une bande dessinée. Je pense que c'est facile et drôle.*

UNIT 6

ON S'AMUSE!

A J'aime bien ça!

Learning objective

You will learn how to respond to questions, explanations and opinions.
You will learn how to give opinions on activities and to agree and disagree with someone.

ON COMMENCE!

Contre la montre! Utilise la section 'Vocabulaire' pour mettre les activités dans la bonne colonne. Essaie de deviner l'anglais! Écoute et vérifie.

le	la	l'
judo		

judo natation football équitation vélo
danse skateboard télévision cinéma lecture

ON APPREND

1 Parlez!

Travaillez à trois. Une personne lit l'explication.
C'est quelle activité?
Un point pour chaque réponse correcte.
Exemple: A – Une activité qui commence avec 'j'…
B et C – Judo?
A – Oui!

- Une activité qui commence avec 'j'
- Un sport qui commence avec 's'
- Un passe-temps qui commence avec 'l'
- Quelque chose qu'on fait à la maison.
- Quelque chose qu'on fait en ville.
- Quelque chose qu'on fait en silence.

2 Écoutez!

Écoute ces six jeunes qui parlent de leurs passe-temps. Regarde les images et écris les bonnes lettres.
Exemple: *1. b d*

a.

le vélo

b.

la musique

c.

le surf

d.

l'informatique

e.

le judo

f.

le rugby

g.

la danse

h.

le football

i.

la lecture

j.

le karaté

3 Écoutez!

Qu'est-ce qu'ils pensent des activités? Écoute les jeunes encore une fois et note leurs opinions.
Exemple:

1 b  ...

= j'aime

= j'adore

+ = je préfère

= je n'aime pas

= je déteste

4 Lisez!

Travaille avec un partenaire. Lis la transcription de l'activité 2 pour vérifier tes réponses.

1. J'aime la musique et l'informatique.
2. Je n'aime pas le football et je déteste la lecture.
3. J'adore la danse. Je déteste le vélo.
4. Moi j'adore le rugby mais je déteste le football.
5. Moi j'aime le karaté et le judo.
6. J'aime l'informatique, mais je préfère le surf.

5 Parlez!

Travaille avec un partenaire. Donnez vos opinions sur les passe-temps de l'activité 2.

Exemple: J'aime le vélo.

J'AVANCE

After giving your opinion, to ask if someone agrees, add **et toi?**

J'adore le karaté, **et toi?** = I love karate, and you?

To agree with someone you can say **moi aussi** or **moi non plus** depending on whether the opinion is positive or negative:

Moi aussi, j'adore le judo. = Me too, I love judo.
Moi non plus, je déteste le football. = Me neither, I hate football.

To disagree with someone, say **Je ne suis pas d'accord** followed by your opinion:

Je ne suis pas d'accord, je déteste le tennis. = I don't agree, I hate tennis.

6 Parlez!

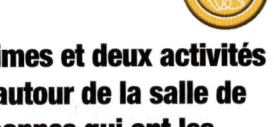

Note deux activités que tu aimes et deux activités que tu n'aimes pas. Circule autour de la salle de classe pour trouver des personnes qui ont les mêmes intérêts que toi.

Write down 2 activities you like and 2 you don't like. Go around the classroom to find people who have the same interests as you.

Exemple: **A** – J'aime le football, et toi?
B – Moi aussi, j'aime le football.
A – Je n'aime pas le tennis, et toi?
C – Je ne suis pas d'accord. J'adore le tennis.

ON RÉFLÉCHIT!

Regarde les opinions des deux personnes sur les passe-temps.
Écris une conversation où ils donnent leurs opinions. Utilise des expressions comme "Moi aussi" et "Moi non plus".

B J'adore la lecture!

Learning objective

You will learn how to understand texts using different clues and to recognise different features of a text.
You will learn to read texts about holiday activities.

ON COMMENCE!

Travaille avec un partenaire. Fais une liste en français de toutes les activités que tu connais.

ON APPREND

1 Lisez!

Travaille avec un partenaire. C'est quel genre de texte? Lie les genres et les textes.
Exemple: *A = un horoscope*

- Une liste des films à la télé
- Un horoscope
- Une publicité pour un supermarché
- Une publicité pour des activités de vacances

A

Cancer

21 juin – 21 juillet

Mercure te donne beaucoup d'énergie. Profites-en!

B

Aqualand

NOUVEAU – un mini parc

Ouvert tous les jours

C

INTERMARCHÉ

L'hypermarché du Conflent

Ouverture non-stop du lundi au samedi

D

20h 45 Men in Black II **

Film. Science Fiction.
États-Unis 2002

Avec Will Smith.

J'AVANCE (1)

Before you even begin to read in depth, you can tell a lot about a text by just looking at its layout and presentation. Many French texts, such as adverts and newspaper articles are similar in style to English ones.

Lundi

Ensoleillé

Températures: de 21 à 27°C

Although you haven't learnt about the weather yet in French, you can tell instantly that this text is a weather forecast. What will the weather be like? How do you know this? What else can you tell from the forecast?

2 Lisez!

Travaille avec un partenaire. Lie les textes de l'activité 1 et les personnes qui parlent.
Exemple: *1 = C*

1. J'adore faire du shopping. C'est génial!
2. Mon anniversaire, c'est le 18 juillet.
3. Qu'est-ce qu'il y a à la télé ce soir?
4. J'aime beaucoup la natation!

3 Lisez et écoutez!

Lie les publicités et les trois annonces.
Exemple: *1 = C*

A

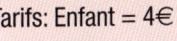

Le petit train touristique

Départ du port de La Rochelle
du 1er avril au 10 novembre
Durée de la promenade 30 mn environ.
Tarifs: Enfant = 4€
Adulte = 6€

B **Le Centre des Aventures Nautiques**

Canoë-kayak
Ski nautique
Surf
Tarifs: 20€ de l'heure
Ouvert du 1er mai au 1er octobre

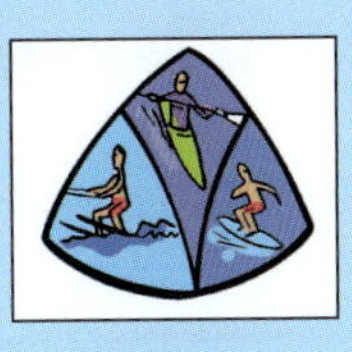

C ***Parc Animalier***

Les plus petits animaux du monde!
Poneys, cochons, lapins…

Horaires: Ouvert tous les jours de 10h à 24h
Tarifs: Entrée: 8€

J'AVANCE (2)

Use the *context* of the sentence to help you understand unknown words.
For example, in the first advert there is the word tarifs. Even if you do not understand this word straight away, the information following it should help you understand it:

Tarifs: Enfant = 4€
Adulte = 6€

As the word is followed by the symbol for euros, you can work out that *tarifs* must mean prices.

Context
You can work out the meaning of unknown words by looking at other words in the sentence or text. This is called using the **context**.

4 Lisez!

Travaille avec un partenaire. Devine l'anglais pour les mots suivants.

départ
des aventures nautiques
ski nautique
ouvert
cochons

5 Vérifiez!

Vérifie les réponses dans la section 'Vocabulaire'.

6 Lisez!

On parle de quelle publicité de l'activité 3? Écris la bonne lettre.
Exemple: *1 = A*

1. La promenade commence au port.
2. On peut voir des animaux miniatures.
3. C'est ouvert du 1er mai au 1er octobre.
4. Le parc ouvre à dix heures.
5. On peut faire des sports nautiques.

ON RÉFLÉCHIT!

What can you look for to understand what a text's purpose is before reading it in depth?
What cues can you use to understand the meaning of new words without using a dictionary?

C Je m'amuse!

Learning objective

You will learn how to replace words in a sentence.
You will learn how to say what activities and sports you do and play.

ON COMMENCE!

Travaille avec un partenaire! Mets les jours de la semaine en ordre. Exemple: *lundi ...*

mardi samedi mercredi jeudi dimanche ~~lundi~~ vendredi

ON APPREND

1 Lisez!

Victoria Beckham parle de sa semaine. Où va-t-elle?
Lis le texte et écris la bonne lettre pour chaque jour de la semaine.
Exemple: *lundi = c*

Victoria Beckham – Ma Semaine

Le lundi je vais souvent au parc avec Brooklyn et Romeo. Le mardi je vais aux magasins – j'adore faire du shopping. Le mercredi David et moi, nous allons au cinéma. Le jeudi je vais au café avec mes amies et après je vais à la piscine. Le vendredi ma sœur et moi, nous allons à la patinoire – j'adore le patin à glace! Le samedi je vais au stade pour regarder le football et après mon mari et moi, nous allons au restaurant. Et finalement, le dimanche je reste chez moi et je me repose.

a.

b.

c.

d.

e.

f.

g.

h.

i.

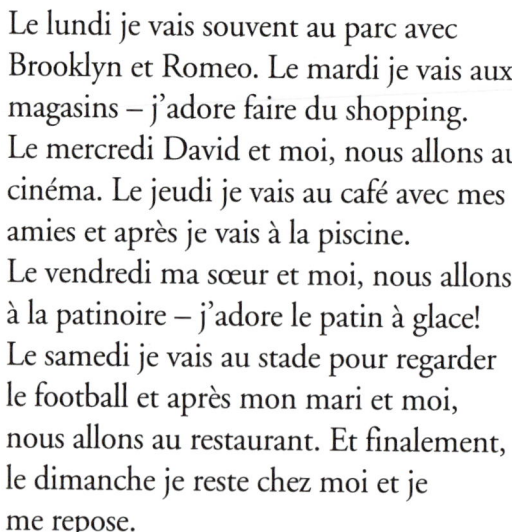

J'AVANCE

When you say what sport or game you are playing, you need to add the preposition à before the activity.
Je joue à l'ordinateur = I'm playing on the computer.

As you know from your work with the verb aller, the word for the can change after à depending on whether the noun is masculine, feminine, begins with a vowel or is plural.

Masculine	à + le	= au
Feminine	à + la	= à la
Begins with a vowel	à + l'	= à l'
Plural	à + les	= aux

It is the same with the verb jouer:

Je joue à + le football. → Je joue au football.

Nous jouons à + les cartes. → Nous jouons aux cartes.

Remember that the preposition usually isn't translated in English.

2 Lisez et écrivez!

a. Paul parle de ce qu'il fait après l'école. Note en anglais les endroits où il va et les activités qu'il fait.

b. Récris le texte mais change les mots soulignés – fais attention au genre du nom!

Rewrite the text, but change the underlined words. Make sure you replace them with nouns of the same gender, so that the preposition is still correct.

Exemple: *Après l'école je vais au parc…*

Après l'école je vais au <u>café</u> avec mes amis et nous jouons aux <u>fléchettes</u>.
À quatre heures et demie nous allons au <u>stade</u> et nous jouons au <u>football</u>. C'est génial.
Après ça je vais à la maison et je joue au <u>ping-pong</u> avec mon petit frère.

3 Parlez!

Travaille avec un partenaire. Pour chaque activité pose la question "Tu joues …?" Réponds "Oui, je joue …" ou "Non, je ne joue pas …"

Exemple: A – Tu joues au football?
B – Non, je ne joue pas au football.

aux cartes

au ping-pong

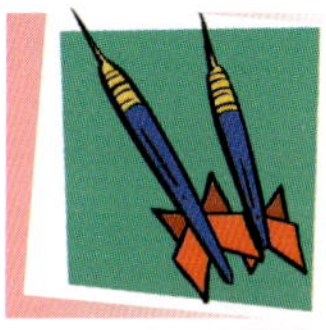
aux fléchettes

au volley

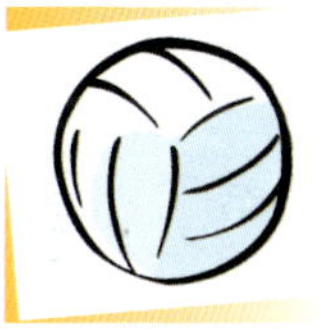
au football

à l'ordinateur

au tennis

au basket

au golf

à la Playstation

ON RÉFLÉCHIT!

Joue au morpion avec un partenaire!

D Encore des activités

Learning objective

You will learn more about replacing words in a sentence.
You will learn to say more activities that you and other people do.

ON COMMENCE!

Quelle est la bonne forme de chaque verbe?

je (faire) ils (aller)
il (aller) vous (aller)
tu (faire) nous (faire)

ON APPREND

1 Écoutez!

Écoute cette publicité pour une maison des jeunes. Qu'est-ce qu'on peut faire comme activités? Écris des lettres.

Listen to the advert for the youth club. What activities can you do?

Exemple: *d, …*

a

le vélo

b

le skateboard

c

la natation

d

le taekwando

e

le ski nautique

f

le patin à roues alignées

J'AVANCE (1)

When you say what activities you do, lots of phrases use the verb faire followed by de.
→ Je fais de la danse.

Like with the preposition à, this changes according to whether the noun is masculine, feminine, begins with a vowel or is plural.

Masculine:	de + le	=	du
Feminine:	de + la	=	de la
Begins with a vowel:	de + l'	=	de l'
Plural:	de + les	=	des

Je fais **de** + **le** skateboard.
↓
Je fais **du** skateboard.

2 Lisez!

De la, du, ou de l'?

Exemple: *Je fais du skateboard.*

Je fais ________ skateboard. (*m*)
Tu fais ________ gymnastique? (*f*)
Elle fait ________ équitation. (*f*)
Nous faisons ________ patin à roues alignées. (*m*)
Est-ce que vous faites ________ lecture? (*f*)
Ils font ________ natation. (*f*)

Écoute et vérifie.

J'AVANCE (2)

You have already learnt how to substitute different nouns when talking about where you or other people go:
Je vais **à la** piscine → Je vais **à la** patinoire

You can also substitute different nouns when talking about activities:
Je fais **du** ski → Je fais **du** vélo

Always remember to substitute a noun which is of the same type – masculine, feminine, beginning with a vowel or plural – so that the preposition is still correct.

3 Parlez!

Travaille avec un partenaire. Lis le dialogue à haute voix.

A – Qu'est-ce que tu fais le week-end?
B – Je fais du karaté avec mes amis.
A – Qu'est-ce que tu fais après l'école?
B – Le lundi je fais de la lecture et le mercredi je fais du skateboard.
A – Est-ce que tu fais du sport?
B – Oui, je fais de l'équitation.

Fais le dialogue encore une fois, mais change les activités. Fais attention au genre du nom. Utilise ces activités:

Exemple: **A** – Qu'est-ce que tu fais le week-end?
B – Je fais du **surf**.

danse (f)

ballet (m)

natation (f)

alpinisme (m)

canoë-kayak (m)

surf (m)

4 Écoutez!

Écoute la chanson et remplis les blancs.
Exemple: *Je joue de la musique.*

Je joue de la ______
Je fais du ______
C'est fantastique
Alain fait du ______
Hélène fait du ______
Ils jouent au ______ et aux ______
Elles jouent au ______.

5 Chantez!

Chante la chanson et apprends-la par cœur.

6 Écrivez!

Travaille avec un partenaire. Écris une chanson. Remplis les blancs avec les autres activités!

ON RÉFLÉCHIT!

You have been practising how to substitute different nouns into a sentence about activities. What do you have to bear in mind when doing this?
Could you substitute other types of words in this way, not just nouns?
When else could you use substitution to help with your French?

E Mes passe-temps

Learning objective

You will learn how to use prompts to write sentences and simple texts.
You will learn how to give opinions on activities.

ON COMMENCE!

Tu cherches un(e) correspondant(e) sur l'internet. Remplis cette fiche sur toi-même.

Prénom: ______
Âge: ______
Domicile: ______
Aime: ______
Déteste: ______

ON APPREND

1 Écoutez et lisez!

Écoute ces quatre jeunes qui parlent des activités.
Lie les phrases et les images.
Exemple: 1 = a + ...

a.

b.

c.
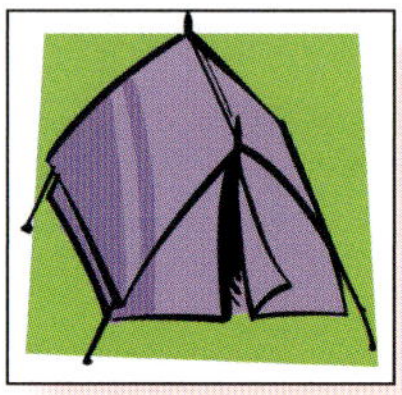
d.

e.

f.

g.

h.

1.

J'adore regarder la télé mais je n'aime pas jouer aux jeux vidéos.

2.

J'aime faire du skateboard et j'adore manger des frites.

3.

J'aime faire de l'alpinisme mais je n'aime pas faire du camping.

4.

Je n'aime pas lire et je déteste aller à la patinoire.

J'AVANCE (1)

You already know how to give your opinion on things when using nouns:
J'aime le sport. Je déteste la géographie.

It's very easy to give your opinion on an activity in a verb form.
Start first of all with your opinion:

J'aime   Je n'aime pas   J'adore   Je déteste

Then add the activity, but with the verb in the infinitive:

J'aime regarder la télé. = I like watching TV.
Je n'aime pas aller à la piscine. = I don't like going to the swimming pool.

2 Parlez!

Joue au morpion avec un partenaire. Donne tes opinions sur les activités.

 jouer au football	 regarder la télé	 faire du skateboard
 aller à la piscine	 lire	 faire du patin à glace
 jouer aux jeux vidéos	 danser	 faire du sport

3 Écrivez!

Mets les mots dans le bon ordre pour écrire des opinions sur les loisirs.

Exemple: *J'aime sortir en ville avec des amis.*

sortir en ville j'aime avec des amis

au téléphone portable j'adore parler

je n'aime pas des bandes dessinées lire

à l'ordinateur jouer je déteste

jouer j'aime bien aux jeux vidéos

j'adore de la musique écouter

Écoute et vérifie.

J'AVANCE (2)

When answering questions, try to make your sentences as detailed as possible by repeating part of the question in your answer:
Qu'est-ce que tu aimes faire **après l'école**?
Après l'école j'aime regarder la télé et lire des magazines.

4 Parlez!

Travaille avec un partenaire. Personne A pose des questions, personne B répond. Change de rôle.

Exemple:

A – Qu'est-ce que tu aimes faire le week-end?

B – Le week-end j'aime regarder la télé et écouter de la musique.

1. Qu'est-ce que tu aimes faire le week-end?
2. Qu'est-ce que tu n'aimes pas faire le week-end?
3. Qu'est-ce que tu adores faire après l'école?
4. Qu'est-ce que tu détestes faire après l'école?
5. Qu'est-ce que tu aimes faire en été?
6. Qu'est-ce que tu aimes faire à la maison?

ON RÉFLÉCHIT!

Écris tes réponses aux questions de l'activité 4.
Écris en paragraphes et ajoute des détails supplémentaires.
Write down your answers to the questions in activity 4. Write in paragraphs and try to add some extra details.

Moi et mes loisirs!

Learning objective

You will learn how to adapt a text by changing the nouns, adjectives and verbs in it.
You will adapt a text to write about your hobbies.

ON COMMENCE!

Travaille avec un partenaire. Lis les phrases et trouve les erreurs. Il y en a dix – deux par ligne. Corrige-les!

J' m'appele Luc.
Jabeet à Parris.
J'em le football et la tennis.
Le week-end j'aime je joue au tennis et au fléchettes.
Ce fantastic!

ON APPREND

1 Écoutez!

Écoute ces cinq jeunes qui parlent des loisirs. Regarde les images. Qui parle?

Apata

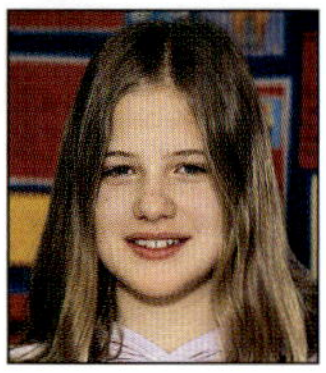
Solène

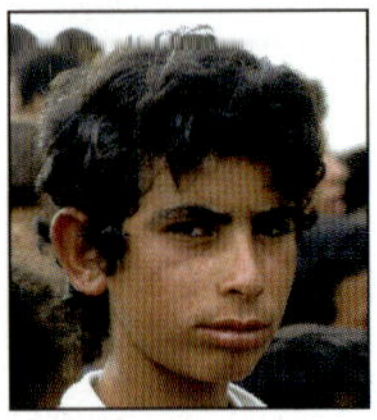
Zidan

Fodé

Manon

2 Écoutez!

Écoute les cinq jeunes encore une fois. Ajoute des détails à tes réponses:

- Où ils habitent
- Quand ils font les activités
- Leurs opinions sur les activités

3 Parlez!

Travaille avec un partenaire. Personne A choisit l'un des jeunes et parle au sujet des loisirs. Personne B devine le jeune.
Exemple:

A – Je fais de l'équitation. C'est super.
B – Tu es Manon?
A – Oui!

J'AVANCE

You have learnt how to substitute words into sentences when talking about where you go, sports you play or activities you do:

Je vais au ~~parc~~
café

Elle joue aux ~~cartes~~
jeux vidéos

You can also use this technique to substitute nouns, verbs and adjectives:

Je m'appelle ~~Amélie~~. J'habite à ~~Toulouse~~.
Luc Paris

Le ~~week-end~~, j'aime ~~jouer au foot~~. C'est ~~génial~~.
samedi aller à la plage super

By using substitution in this way you can use an example text to help you express what you want to say.

4 Écrivez!

Voici un texte sur Zidan.
Change les mots pour écrire au sujet des quatre autres jeunes. Essaie d'écrire les détails à droite.

- Leurs prénoms
- Où ils habitent
- Quand ils font les activités
- Les activités qu'ils font, leurs opinions et les adjectifs

Je m'appelle Zidan. J'habite à Paris. Le week-end j'aime jouer au football. C'est fantastique. Le soir j'aime écouter de la musique.

5 Écrivez!

Écris un texte sur toi et tes loisirs.
Regarde le texte de Zidan dans l'activité 4, et change les détails!

ON RÉFLÉCHIT!

Parlez à trois.
Commence avec la phrase:

Le week-end j'adore faire du sport. C'est fantastique!

1	2	3	4	5	6
quand	l' opinion	l'activité	l'adjectif	rien!	Toute la phrase!

Une personne jette un dé. Selon le numéro sur le dé, change les détails indiqués.

Continue avec le jeu!

G Je vais aller en France!

Learning objective

You will learn how to say what you are going to do.
You will learn about activities you can do in different regions of France.

ON COMMENCE!

Travaille avec un partenaire. Mets ces pays francophones dans les bons continents.

Europe	Afrique	Amérique
la France		

le Québec · le Maroc · la Suisse · la Guadeloupe · la Tunisie · la Côte d'Ivoire · la Martinique · le Luxembourg · la France

ON APPREND

1 Lisez!

Mohammed parle des activités. Écris les bonnes lettres.

Mohammed is talking about the activities he is going to do. Write the correct letters.

Exemple: *1 = b*

a. 

b. 

c. 

d. 

e. 

f. 

1. Demain à quatre heures, je vais jouer au foot.
2. Dimanche je vais faire du snowboard.
3. Cet été je vais faire du ski nautique.
4. Aujourd'hui à quatre heures je vais aller en ville.
5. Lundi je vais faire de la plongée sous-marine.
6. Aujourd'hui à huit heures je vais aller au cinéma.

2 Lisez!

Travaille avec un partenaire. Aujourd'hui c'est mercredi. Mets les activités en ordre chronologique.

Exemple: *4, ...*

Today is Wednesday. Put the activities in chronological order.

3 Écoutez!

Écoute et vérifie.

J'AVANCE

To say what you are going to do in the future use je vais followed by the infinitive of the verb that is going to be taking place:

Je vais jouer au foot.
faire du shopping.

4 Écrivez!

Envoie des messages SMS.

Send text messages to say what you are going to do. Start each text with ***Je vais****.*

Exemple: a. Je vais aller à la patinoire.

5 Parlez!

Travaille avec un partenaire. Tu vas en vacances! Choisis un endroit. Dis ce que tu vas faire. Ton partenaire doit dire où tu vas aller.

Tu vas aller	en Normandie?
	en Vendée?
	en Corse?
	dans les Alpes?
	à Paris?

Exemple: **A** – Je vais faire de l'équitation et du vélo.
B – Tu vas aller en Normandie?
A – Oui!

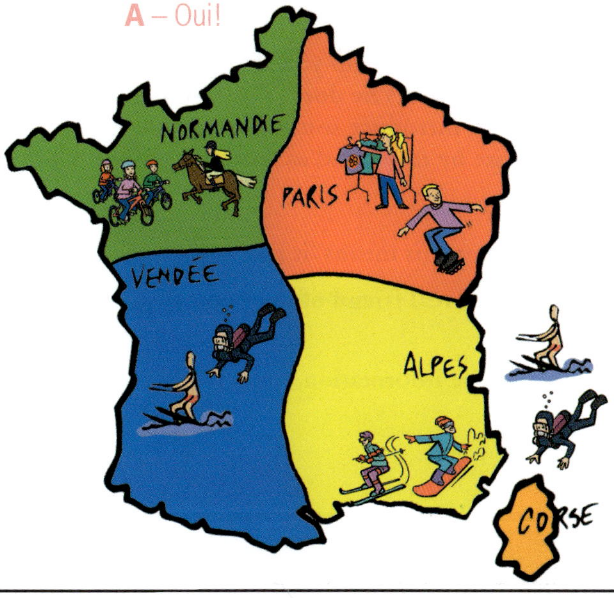

6 Écrivez!

Travaille avec un partenaire. Félicitations! Tu as gagné une semaine de vacances en France! Écris un email pour expliquer tes projets de vacances.

Congratulations! You have won a week's holiday in France! Write an email to explain your holiday plans.

ON RÉFLÉCHIT!

Joue au morpion avec un partenaire!

H Encore de la lecture

Learning objective

You will learn about different hobbies and how to work out the main points of a sentence.
You will learn how to understand texts about other people's hobbies.

ON COMMENCE!

Contre la montre! Écris en français:

- Quatre passe-temps que tu aimes
- Quatre passe-temps que tu n'aimes pas

ON APPREND

1 Écoutez et lisez!

Écoute Karim qui parle de ses passe-temps.

1	2	3	4	5

Mon sport préféré est le football.	Je suis membre d'une équipe de football à l'école.	Je m'entraîne le lundi et le mercredi.	J'adore le tennis et le basket aussi.	Cependant je ne joue pas au rugby, c'est trop dangereux!

J'AVANCE

As you already know, you don't have to understand every word of a sentence in order to get its gist. Use all the clues that are available: words which look like English, pictures, the meaning of the rest of the sentence – or context.

Picture 2: Je suis membre d'une équipe à l'école.
You know that this sentence must mean 'I am ______ at school'.

You can probably tell that membre is a cognate (real friend) of the English word 'member'. Therefore, Karim has to be a member of something. By looking at the picture you can tell that une équipe means 'a team'.

Picture 5: Cependant je ne joue pas au rugby…
From je n'aime pas you know that ne and pas are used around a verb to make it negative.

Using the context to help you understand, he has just said what sports he does play, so cependant is being used to introduce something he doesn't do. It can therefore be translated as 'however'.

… c'est trop dangereux!

You know that this means 'it is …'

dangereux is a real friend of the English word 'dangerous'

trop adds extra information, meaning 'too'.

2 Lisez!

Travaille avec un partenaire. Trois jeunes parlent des loisirs. Regarde les images.
Pour chaque personne choisis l'activité qu'on <u>ne</u> fait <u>pas</u>. Exemple: *Marc = b*

Marc
J'adore le sport. Mon sport préféré est le handball. Je m'entraîne trois fois par semaine parce que je suis membre d'une équipe au collège. En plus, je m'intéresse à l'informatique. J'adore jouer à l'ordinateur.

a.  **b.**  **c.** 

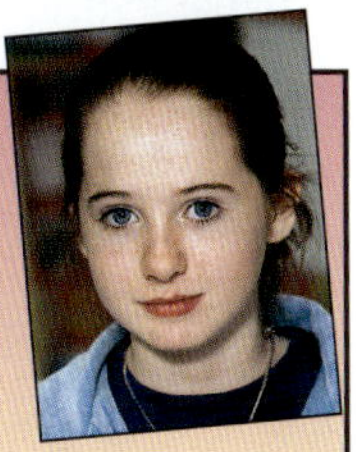

Lucie
Mon passe-temps préféré est la natation. Normalement je vais à la piscine, mais en été j'adore nager dans la mer. En plus, je suis fanatique de la lecture – surtout des BDs. C'est chouette!

a.  **b.**  **c.** 

Thom
Le week-end je reste chez moi et je me repose. J'aime regarder la télé et écouter de la musique. Je suis fanatique du rap, alors quelquefois je vais aux concerts de rap avec mes copains.

a.  **b.**  **c.**  **d.** 

3 Lisez!

Qui parle? Écris le bon prénom.
Exemple: *a. J'adore la natation. = Lucie*

a. J'adore la natation.
b. J'aime beaucoup lire.
c. Je suis membre d'une équipe de handball.
d. J'aime me reposer à la maison.
e. J'adore la musique rap.

4 Lisez!

Trouve le français dans les trois textes.
Exemple: *I love sport = j'adore le sport*

1. I love sport
2. three times a week
3. I am a member
4. I am interested in
5. in the summer
6. I rest
7. rap concerts

5 Parlez!

Travaille avec un partenaire.

Compare how the sentences are formed in English and French.
Which cannot be translated word for word?

ON RÉFLÉCHIT!

How would you advise another student to read a text containing new words and phrases?
What should you be careful of if translating from French to English?

1 Moi: Une histoire vraie

Learning objective

You will learn about adjectives in French and how to check these.
You will revise topics you have met before, to prepare for making a presentation about yourself in the next lesson.

ON COMMENCE!

Contre la montre! Fais une liste de tous les adjectifs que tu connais!

ON APPREND

1 Lisez!

On écrit de quels sujets? Copie la grille et coche les sujets pour chaque personne.

	Chez moi	Ma famille	Description physique	Animaux	École	Loisirs
Luc	✓			✓		✓
Mégane						
Thierry						
Stéphanie						

Je m'appelle Luc. J'habite dans une grande maison à la campagne. Je m'intéresse à la lecture. J'adore lire des BDs et des magazines. J'ai un poisson rouge.

Salut! Moi, je m'appelle Mégane. J'ai deux sœurs. Mes sœurs s'appellent Mercedes et Aicha. Elles sont grandes. J'adore les sciences, surtout la biologie. J'ai un chien noir et un petit chat blanc.

Je m'appelle Thierry. Je suis petit. J'ai les cheveux courts et noirs. J'habite dans un appartement. Il y a deux chambres. J'ai un frère. Il a cinq ans.

Salut! Je m'appelle Stéphanie. Je suis petite et j'ai les yeux verts. Je suis fanatique du foot. Mon équipe préférée est Paris St Germain. J'adore jouer au tennis. À l'école j'aime l'éducation physique, bien sûr, mais je préfère la géographie.

J'AVANCE

As you already know, in French, an adjective mostly comes *after* the noun it is describing. Can you remember two adjectives that go *before* the noun?

As well as coming in a different place, the adjective has to change its spelling to agree with the thing it's describing, depending on whether the thing is masculine, feminine, singular or plural.

Do you remember the pattern? Copy out the grid opposite and complete it.

Singular		Plural	
Masculine	Feminine	Masculine	Feminine
	petite		
		amusants	

Watch out! There are some exceptions!

When checking your work it is very important that you pay attention to any adjectives you have used. Are they in the correct place? Do they agree with the noun?

2 Lisez!

Regarde les textes de l'activité 1. Copie la grille et remplis-la avec les adjectifs dans les textes de l'activité 1. *Copy the grid and fill it in with the adjectives from the texts in activity 1.*

Masculine singular	Feminine singular	Masculine plural	Feminine plural
	grande		

3 Écrivez!

Fais des phrases. Choisis le bon adjectif.

J'ai un stylo rouge / rouges.

J'ai une trousse mauves / mauve.

Il a deux gommes rose / roses.

Elle a un serpent mauve / mauves.

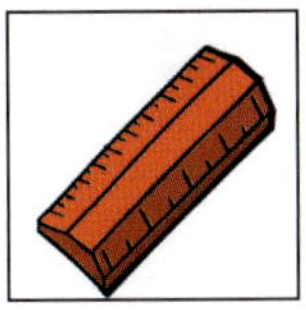

Il a une règle rouge / rouges.

J'ai deux grands /grandes hamsters rouge / rouges.

Elle a les cheveux blondes / blonds et les yeux vert / verts.

J'ai les cheveux noire / noirs et les yeux bruns / brunes.

4 Écoutez!

Écoute et remplis les blancs avec les adjectifs.

1. J'ai une règle ____________.
2. J'ai les cheveux ____________.
3. J'habite dans une ________ maison.
4. J'ai les yeux ____________.
5. J'habite dans un ________ appartement.
6. J'ai un ________ phasme ________.
7. J'ai deux ________ poissons ________.
8. J'ai une ________ araignée ________.

5 Lisez!

Now check your answers to activity 4. Have you changed the spelling of the adjective correctly so that it agrees with the noun?

ON RÉFLÉCHIT!

Écrivez! Copie les phrases et ajoute des adjectifs.

J'ai un stylo et une règle.

Il a un chien et une araignée.

J'ai les cheveux...

Elle a une chaîne stéréo.

J Moi, j'avance!

Learning objective

You will learn how to improve your speaking work.
You will learn how to give a presentation about yourself.

ON COMMENCE!

Lisez et écrivez!
Copie le texte et remplis les blancs. Choisis parmi les mots dans la case.
Exemple: *Je m'appelle Robert.*

Je m'appelle ____________.
J'ai ____________ ans.
J'____________ à Birmingham.
J'ai les ____________ verts.
Je ____________ grand.

Laura | ai | habite | suis | hamsters | quatorze | Robert | yeux

ON APPREND

1 Écoutez et lisez!

Écoute quatre présentations. Lie les notes et la personne qui parle.
Exemple: *1 = Magali*

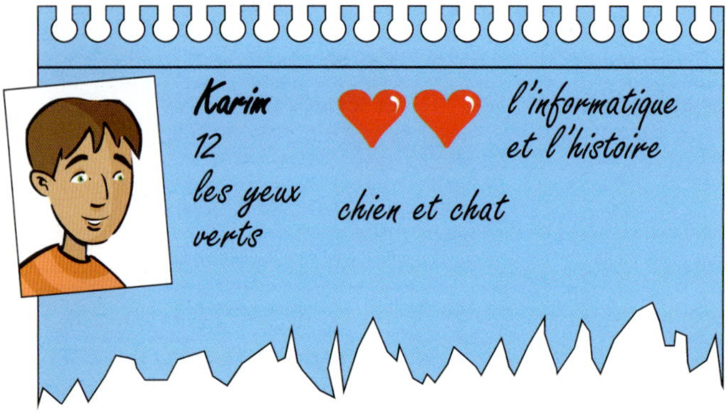

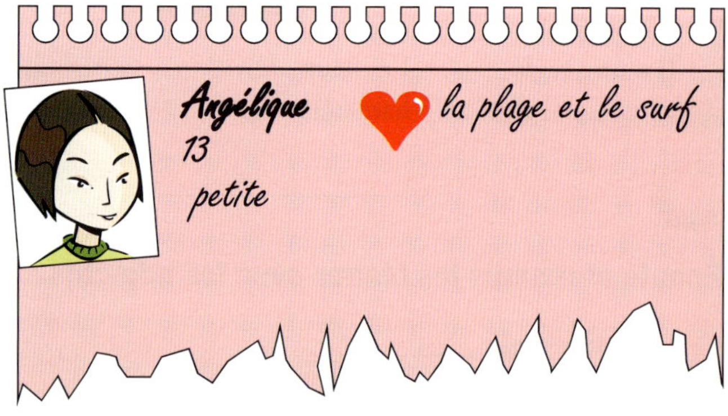

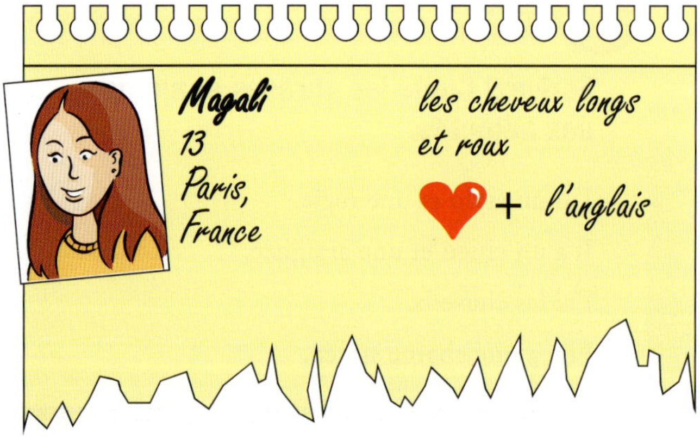

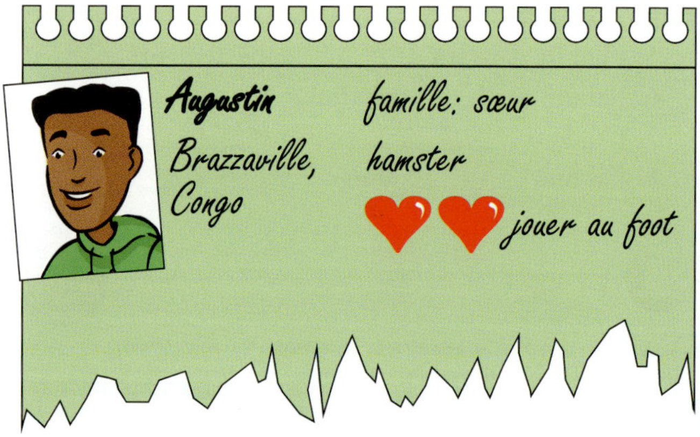

2 Parlez!

Jouez à quatre.

1 Je m'appelle…
2 J'ai … ans.
3 Recule de 2 cases!
4 J'habite à …
5 Avance de 3 cases!
6 Je suis…
7 J'ai les cheveux…
8 J'aime…
9 Recule de 3 cases!
10 À l'école j'adore…
11 J'ai…
12 Je n'aime pas…
13 J'adore mon prof de…
14 Je me lève à … heures.
15 Recule de 4 cases!
16 J'ai gagné!

3 Écrivez!

Prépare ta présentation. Écris quelques phrases au sujet de toi-même.

4 Parlez et écoutez!

Travaillez à trois et écoutez les présentations.

On page 98, you learnt to evaluate someone's speaking in terms of pronunciation, accuracy, fluency and independence. Can you suggest any improvements that could be made to the presentations?

5 Parlez et écoutez!

Fais ta présentation devant ta classe!

J'AVANCE

You are now going to make a short presentation about yourself in French.

To prepare your presentation, write out what you are going to say. Practise saying your presentation until you can talk using only a few notes as a guide. These notes should be your main points plus any words that you often forget. Have a look at the notes in exercise 1 to help you.

ON RÉFLÉCHIT!

How did your presentation go? What made your presentation easy / hard to do?
When you do another presentation, what will you try and improve?
Whose presentation in the class did you enjoy the most? Why?

Écoutez!

1. Écoute bien. Choisis la lettre correcte.

Listen. Choose the correct letter.

a. 

b. TROUSSE

c. 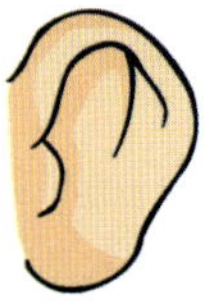

d. 

e. 

f. 

g. FACILE!!

h. 

i. 

j. 

k. 

Parlez!

2a. Travaille avec un partenaire. Personne A pose les questions, personne B répond. À la fin, changez de rôle.

Person A asks questions, person B answers. Swap roles at the end.

Comment t'appelles-tu?

Où habites-tu?

Tu as quel âge?

Ton anniversaire, c'est quand?

2b. Regarde les images de l'activité 1. Que dis-tu?

Look at the pictures in activity 1. What would you say?

2c. Présente-toi!

Introduce yourself!

- nom
- adresse
- âge
- anniversaire

2d. Fais une interview! Personne A pose les questions, personne B répond. À la fin, changez de rôle.

Do an interview!
Person A asks the questions, person B answers. Swap roles at the end.

Lisez!

1. Lie le français et l'image correcte.

Join the French to the correct picture.

un chien | un serpent | un cochon d'Inde | un poisson | un rat | un hamster

2a. Lis cet e-mail à haute voix avec un partenaire.

Read this e-mail aloud with a partner.

Salut,
Je m'appelle Liliane. J'ai douze ans et mon anniversaire est le onze avril. Je suis petite et intelligente. J'ai les cheveux bruns et j'ai les yeux verts.
J'ai un chat mais je n'ai pas de chien. J'aime les chiens, mais je préfère les chats.
J'ai une sœur mais je n'ai pas de frères. Ma sœur s'appelle Annick.
Et toi? Ton anniversaire, c'est quand? Quel âge as-tu?
Où habites-tu?
Comment es-tu? Tu as des frères ou des sœurs?
Je suis curieuse!
Réponds-moi vite
Liliane

2b. Réponds à ces questions en anglais.

Answer these questions in English.

1. How old is Liliane?
2. What happens on the 11th April?
3. What is Liliane like?
4. What does she say about animals?
5. How many brothers and sisters does she have?
6. Give two of the questions Liliane asks, in English.

Écrivez!

3. Écris une réponse à ces questions.

Write an answer to these questions.

1. Comment t'appelles-tu?
2. Ton anniversaire, c'est quand?
3. Quel âge as-tu?
4. Où habites-tu?
5. Comment es-tu?
6. Tu as des frères ou des sœurs?
7. Tu as un animal?
8. Qu'est-ce que tu as dans ta trousse?
9. Tu aimes le français?

4. Écris une lettre à un magazine.
Parle de toi, donne des détails personnels:

Write a letter to a magazine. Talk about yourself, and give the following details.

a.
- Nom
- Âge
- Adresse
- Date de ton anniversaire
- Description

b.
- Parle de ta famille et de tes animaux.
- Dis ce que tu aimes et ce que tu n'aimes pas.
- Fais des phrases avec 'et' ou 'mais'.

Écoutez!

1. Écoute bien. Écris 1 à 8.
a. Choisis la lettre correcte.

A

B

C

D

E

F

G

H

b. Écoute encore une fois. Écris 1 à 8. Écris les chambres mentionnées.

c. Écoute une troisième fois. Écris  **ou**  **pour chaque personne.**

Parlez!

2a. Travaille avec un partenaire. Personne A pose les questions, personne B répond. À la fin, changez de rôle.

Tu habites dans une maison ou dans un appartement?

Tu habites dans un village?

Tu te lèves à quelle heure le week-end?

Qu'est-ce qu'il y a dans ta chambre?

2b. Présente ta maison!
2c. Fais une interview sur ta maison et ton week-end! Utilise les images pour t'aider. Personne A pose les questions, personne B répond. À la fin, changez de rôle.

 /  ?

 /  ?

 ?

  ?

Lisez!

1. Lie le français et l'image correcte.

A
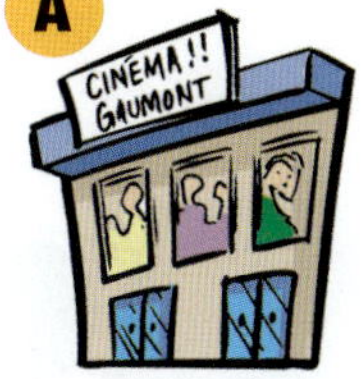

B

C

le cinéma   l'école   la piscine
la patinoire   le bowling   l'église

D

E

F

2a. Lis cet e-mail à haute voix avec un partenaire.

Salut!
Je m'appelle Henri. Moi, j'aide beaucoup à la maison! Tous les jours je fais mon lit et je fais la vaisselle. Une fois par semaine je lave la voiture de ma mère dans le jardin. En plus, je prépare le dîner avec ma mère. Et toi, qu'est-ce que tu fais pour aider à la maison?
Ma sœur fait beaucoup aussi. Elle passe l'aspirateur dans le salon et elle balaye le plancher de la cuisine. Que fait ta sœur / ton frère?
Le week-end je vais au cinéma avec mes amis. Ça c'est fantastique! Est-ce que tu aimes le cinéma?
Réponds-moi vite!
Henri

2b. Réponds à ces questions en anglais.

1. What does Henri do every day?
2. What does he do once a week?
3. What does he do with his mum?
4. What two things does his sister do?
5. Where does he go at the weekend?
6. Give two of the questions Henri asks in English.

Écrivez!

3. Qu'est-ce que tu fais?

A

B

C

D

E

F

4. Écris six questions. Exemple: *Où est la piscine? Est-ce que tu fais la vaisselle?*

5. Écris un e-mail à Henri. Parle de toi et répond à ses questions en bleu.

Écoutez!

1. Écoute bien. Écris 1 à 10.

a. Choisis la lettre correcte.

A

B

C

D

E

F

G

H

I

J

b. Écoute encore une fois. C'est une opinion positive, négative ou neutre?

Écris ❤, ~~❤~~ ou OK.

c. Écris l'opinion en français.

Parlez!

2a. Travaille avec un partenaire. Personne A pose les questions, personne B répond. À la fin, changez de rôle.

Tu aimes quelles matières?

Tu n'aimes pas quelles matières?

Ton collège est petit ou grand?

Les cours commencent à quelle heure?

2b. Décris ces profs de rêve!

2c. Fais une interview sur ton collège! Utilise les images et les mots pour t'aider. Personne A pose les questions, personne B répond. À la fin, changez de rôle.

?

Pourquoi?

?

Pourquoi pas?

!

Décris ton

Lisez!

1. Lie le français et l'image correcte.

la danse — l'alpinisme — la lecture — l'équitation — le patin à roues alignées — les fléchettes

2. Lis la lettre et répond aux questions en anglais.

1. What is Lucie's favourite sport?
2. When does she train?
3. What does she do on Sundays?
4. Where does she do this?
5. What does she do at the weekend?
6. What is she going to do this weekend?
7. Name three activities she doesn't like.
8. Give two of the questions Lucie ask in English.

Salut!

Je suis très sportive. Mon sport préféré est le basket. Je m'entraîne le samedi et le mercredi. Quel est ton sport préféré? J'adore faire de la natation le dimanche. J'aime aller à la piscine, mais je préfère nager dans la mer en été. Le week-end j'adore sortir en ville avec mes amis. Ça, c'est génial! Qu'est-ce que tu aimes faire le week-end?

Ce week-end, je vais jouer au football au parc avec mes amis.

Ce que je n'aime pas faire, c'est jouer au tennis, c'est ennuyeux. En plus, je déteste jouer aux cartes et aux fléchettes. Et toi, qu'est-ce que tu n'aimes pas faire?

Réponds-moi vite!

Lucie

Écrivez!

3. Qu'est-ce que tu fais? Regarde les images A–F. Écris des phrases.

4. Change les activités de l'activité 3! Écris des phrases.

5. Écris une réponse à ces questions.

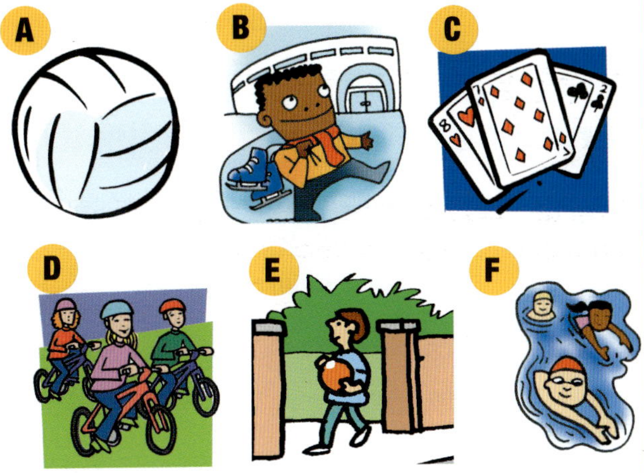

Qu'est-ce que tu fais le week-end?

Qu'est-ce que tu aimes faire à la maison?

Qu'est-ce que tu n'aimes pas faire?

Qu'est-ce que tu aimes faire après l'école?

6. Écris une lettre à un(e) ami(e) français(e) au sujet de tes passe-temps.

- Parle de tes passe-temps.
- Dis ce que tu aimes et ce que tu n'aimes pas faire.
- Donne des raisons pour tes opinions.
- Dis ce que tu vas faire ce week-end.
- Pose deux questions.

The present tense – useful irregular verbs

Remember, **tu** is used if you are talking to one friend, **vous** is plural or polite!

avoir	to have	être	to be
j'ai	I have	je suis	I am
tu as	you have	tu es	you are
il a	he has	il est	he is
elle a	she has	elle est	she is
on a	one has	on est	one is
nous avons	we have	nous sommes	we are
vous avez	you have	vous êtes	you are
ils ont	they *(m)* have	ils sont	they *(m)* are
elles ont	they *(f)* have	elles sont	they *(f)* are
aller	**to go**	**faire**	**to do/make**
je vais	I go	je fais	I do/make
tu vas	you go	tu fais	you do/make
il va	he goes	il fait	he does/makes
elle va	she goes	elle fait	she does/makes
on va	one goes	on fait	one does/makes
nous allons	we go	nous faisons	we do/make
vous allez	you go	vous faites	you do/make
ils vont	they *(m)* go	ils font	they *(m)* do/make
elles vont	they *(f)* go	elles font	they *(f)* do/make

The present tense – regular -er verbs

jouer	to play
je joue	I play
tu joues	you play
il joue	he plays
elle joue	she plays
on joue	one plays
nous jouons	we play
vous jouez	you play
ils jouent	they *(m)* play
elles jouent	they *(f)* play

Articles and possessive adjectives (mon, ma, mes)

Remember that the words for 'the' and 'a' change depending on whether the word they are with is masculine or feminine, singular or plural. This is the same for the words for 'my' and 'your'.

	Masculine singular	Feminine singular	Plural
'the'	le garçon l'éléphant	la fille l'école	les parents
'a'	un crayon	une gomme	des stylos
'my' 'your'	mon frère ton père	ma sœur ta mère	mes amis tes professeurs

Adjectives

Just like **le**, **la** and **les**, adjectives change depending on whether the thing you are talking about is masculine or feminine, singular or plural. Whether the person speaking is masculine or feminine has nothing to do with this!

Most adjectives follow the pattern below:

Masculine singular	Feminine singular	Masculine plural	Feminine plural
grand	grand**e**	grand**s**	grand**es**
intelligent	intelligent**e**	intelligent**s**	intelligent**es**

Negatives

To make a verb negative, you have to sandwich **ne.... pas** around it.
Je ne suis pas grand – I am not tall
Je ne joue pas – I am not playing

Remember, though, that if **ne** is followed by a vowel or an 'h' it becomes **n'**.
Je n'ai pas dix ans. J'ai onze ans. – I'm not ten. I'm eleven.
Je n'habite pas à Paris. J'habite à Perpignan. – I don't live in Paris. I live in Perpignan.

Asking questions

You can ask a question in different ways:

a. by starting with the question word:

Où habites-tu? Where do you live?
Comment t'appelles-tu? What are you called?

b. by using your voice (intonation) and making the question go up at the end of the sentence:

Tu habites où? Where do you live?
Tu t'appelles comment? What's your name?

c. by using **est-ce que..?** together with the sentence:

Est-ce que tu fais la vaisselle? Are you doing the washing up?
Est-ce que tu as une sœur? Do you have a sister?

Question words

Comment…?	What/how?
Quel...? /Quelle...?	What/which?
Où...?	Where?
Quand…?	When?
Qu'est-ce que…?	What?

Numbers

Here are the numbers from 1 to 100.

1	un	21	vingt et un	60	soixante
2	deux	22	vingt-deux	61	soixante et un
3	trois	23	vingt-trois	62	soixante-deux *(etc.)*
4	quatre	24	vingt-quatre	70	soixante-dix
5	cinq	25	vingt-cinq	71	soixante et onze
6	six	26	vingt-six	72	soixante-douze
7	sept	27	vingt-sept	73	soixante-treize
8	huit	28	vingt-huit	74	soixante-quatorze *(etc.)*
9	neuf	29	vingt-neuf	80	quatre-vingts
10	dix	30	trente	81	quatre-vingt-un
11	onze	31	trente et un	82	quatre-vingt-deux
12	douze	32	trente-deux *(etc.)*	83	quatre-vingt-trois
13	treize	40	quarante	84	quatre-vingt-quatre *(etc.)*
14	quatorze	41	quarante et un	90	quatre-vingt-dix
15	quinze	42	quarante-deux *(etc.)*	91	quatre-vingt-onze
16	seize	50	cinquante	92	quatre-vingt-douze
17	dix-sept	51	cinquante et un	93	quatre-vingt-treize
18	dix-huit	52	cinquante-deux *(etc.)*	94	quatre-vingt-quatorze
19	dix-neuf			100	cent
20	vingt				

Vocabulaire
Français/Anglais

A

	à bientôt	see you soon
l'	**adjectif** *(m)*	adjective
	adorer	to love
l'	**âge** *(m)*	age
j'	**ai**	I have
	aider	to help
	aimer	to like
	allemand (e)	German
	aller	to go
	alors	so, well
les	**Alpes** *(f pl)*	the Alps
l'	**alpinisme** *(m)*	mountaineering
	américain (e)	American
l'	**ami** *(m)*	friend (male)
l'	**amie** *(f)*	friend (female)
	à mon avis	in my opinion
	amusant (e)	fun
l'	**anglais** *(m)*	English (subject)
	anglais (e)	English (nationality)
	août	August
l'	**appartement** *(m)*	flat
	après	after
l'	**après-midi** *(f)*	afternoon
l'	**araignée** *(f)*	spider
l'	**armoire** *(f)*	wardrobe
	arriver	to arrive
	arroser	to water
l'	**article** *(m)*	article
l'	**aspirateur** *(m)*	hoover
l'	**assiette** *(f)*	plate
	aujourd'hui	today
	au revoir	goodbye
	aussi	also
	avant	before
	avec	with
l'	**aventure nautique** *(f)*	water sport
	avoir	to have

B

la	**baguette magique**	magic wand
le	**balai**	broom
	balayer	to sweep
le	**balcon**	balcony
la	**bande dessinée /la BD**	comic (strip)
la	**banlieue**	the suburbs
le	**basket**	basketball
le	**bâton de colle**	gluestick
	beau/belle	handsome, pretty
	beaucoup de	lots of
	beurk!	yuk!
	bien	well
	bien sûr	of course
	bleu (e)	blue
	bonjour	hello
le	**bowling**	bowling alley
se	**brosser les dents**	to brush your teeth
	brun (e)	brown
un	**buffle**	buffalo
le	**bureau**	office
le	**bus**	bus

C

le	**café**	café/coffee
la	**campagne**	countryside
le	**camping**	camping
le	**canoë-kayak**	canoeing
la	**cantine**	canteen
la	**carte**	map/(playing) card
le	**CD**	CD
le	**centre-ville**	in the town centre
	c'est	it is
	c'était	it was
la	**chaîne de montagne**	mountain range
la	**chaîne stéréo**	hi-fi
la	**chaise**	chair
la	**chambre**	bedroom
le	**chat**	cat
le	**château**	castle
le	**chaudron**	cauldron
la	**chaussure**	shoe
en	**chemin**	on the way
le	**cheval (les chevaux** *pl*)	horse
	chez moi	where I live
le	**chien**	dog
le	**chocolat**	chocolate
	chouette	great
le	**cinéma**	cinema
	cinq	five
	cirer	to polish
la	**classe**	class
le	**cochon**	pig
le	**cochon d'Inde**	guinea pig
le	**collège**	school
	commencer	to start, to begin
la	**commode**	chest of drawers
	comprendre	to understand
les	**copains** *(m pl)*	friends
	couper	to cut
la	**cour**	playground/yard
le	**cours**	lesson
	court (e)	short
les	**courses** *(f pl)*	shopping
le	**couteau**	knife
le	**crayon**	pencil
le	**crocodile**	crocodile
la	**cuisine**	kitchen

D

	d'accord	OK, agreed
	je ne suis pas d'accord	I don't agree
	dangereux	dangerous
	dans	in
la	**danse**	dance
	danser	to dance
la	**date**	date
le	**dauphin**	dolphin
	débarrasser	to clear (the table)
	décembre	December
le	**déjeuner**	lunch
	demain	tomorrow
	demander	to ask
la	**demie**	half
le	**départ**	departure
	derrière	behind
	désolé	sorry
le	**dessin**	art
	détester	to hate
	deux	two
	deux fois par semaine	twice a week
	devant	in front of
les	**devoirs** *(m pl)*	my homework
	difficile	difficult
	dimanche	Sunday
le	**dîner**	dinner

	directement	straight away
	dix	ten
le	**domicile**	home address
	donner à manger	to feed
le	**dortoir**	dormitory
la	**douche**	shower
	douze	twelve
	droite	right
	drôle	funny
la	**durée**	length of time

E

l'	**école** *(f)*	school
	écouter	to listen
	écrire	to write
l'	**éducation civique** *(f)*	citizenship
l'	**éducation physique** *(f)*	PE
l'	**église** *(f)*	church
l'	**élève** *(m/f)*	pupil
l'	**émission de TV** *(f)*	TV programme
	enfin	at last
	ennuyeux(se)	boring
	entendre	to hear
s'	**entraîner**	to practise
l'	**entrée** *(f)*	entrance
	entrer	to enter
l'	**équipe** *(f)*	team
l'	**équitation** *(f)*	horseriding
l'	**espagnol**	Spanish (subject)
l'	**estomac** *(m)*	stomach
	et	and
l'	**été** *(m)*	summer
	être	to be
	Euros €	Euros (money)
	expliquer	to explain

F

	facile	easy
	faire	to do, to make
	faire du shopping	to go shopping
	fanatique	fanatical
	fantastique	fantastic
la	**ferme**	farm
	février	February
la	**fille**	girl
le	**film**	film
le	**fils**	son
le	**fils/la fille unique**	only child
	finir	to finish
un	**flamant rose**	flamingo
les	**fléchettes** *(f pl)*	darts
une	**fois par semaine**	once a week
le	**football**	football
le	**français**	French (subject)
	français	French (nationality)
la	**France**	France
le	**frère**	brother
les	**frites** *(f pl)*	chips

G

le	**garçon**	boy
le	**gâteau**	cake
à	**gauche**	to the left
	génial (e)	brilliant
	gentil (le)	kind
la	**gomme**	rubber
	grand (e)	big
la	**grand-mère**	grandmother
	gris (e)	grey
la	**gymnastique**	gymnastics

H

je m'	**habille**	I get dressed
	habiter	to live
un	**hamster**	hamster
l'	**heure** *(f)*	time/o'clock/hour
le	**hibou**	owl
	hier	yesterday
un	**hippopotame**	hippopotamus
l'	**histoire** *(f)*	history/story
l'	**hiver** *(m)*	winter
l'	**homme** *(m)*	man
l'	**horaire** *(m)*	timetable
un	**horoscope**	horoscope
	huit	eight
l'	**hypermarché**	hypermarket

I

	il y a	there is/there are
l'	**immeuble** *(m)*	block of flats
l'	**informatique** *(f)*	ICT
l'	**insecte** *(m)*	insect
	intelligent (e)	intelligent
	intéressant	interesting
	inviter	to invite

J

	janvier	January
le	**jardin**	garden
	jaune	yellow
	jeudi	Thursday
le	**jeu vidéo**	computer game
	jouer	to play
la	**journée**	day
le	**judo**	judo
	juillet	July
	juin	June

K

le	**karaté**	karate

L

la	**lampe**	lamp
le	**lapin**	rabbit
	laver	to wash
la	**lecture**	reading
la	**lessive**	washing (clothes)
je me	**lève**	I get up
	lire	to read
la	**liste**	list
le	**lit**	bed
le	**livre**	book
les	**loisirs** *(m pl)*	hobbies
	long (ue)	long
	lundi	Monday
les	**lunettes** *(f pl)*	(seeing) glasses

M

	Madame	Mrs
le	**magasin**	shop
la	**magie**	magic
	magique	magic
	mai	May
	mais	but
la	**maison**	house
à la	**maison**	at home
	mal	badly
	manger	to eat
le	**marché**	market
	mardi	Tuesday
le	**mari**	husband
	mars	March
les	**maths** *(f pl)*	maths
la	**matière**	school subject
le	**matin**	(in the) morning

	mauve	purple
le	**membre**	member
le	**ménage**	housework
la	**mer**	sea
	merci	thank you
	mercredi	Wednesday
	mi-long	medium-long
	moderne	modern
	moi	me
	moins	minus
le	**monde**	world
	Monsieur	Sir
la	**montagne**	mountain
la	**moquette**	carpet
la	**mosquée**	mosque
la	**musique**	music

N

	nager	to swim
la	**natation**	swimming
il	**neige**	it's snowing
	nettoyer	to clean
	neuf	nine
	noir (e)	black
le	**nom**	noun/name
	non	no
la	**Normandie**	Normandy
	novembre	November
	nul	rubbish

O

	octobre	October
l'	**oiseau** *(m)*	bird
	onze	eleven
	orange	orange
l'	**ordinateur** *(m)*	computer
l'	**oreille** *(f)*	ear
	ou	or
	où	where
	oui	yes
	ouvert	open
	ouverture	opening
	ouvrir	to open

P

la	**paire de ciseaux**	pair of scissors
le	**parc**	park
	parce que	because
les	**parents** *(m pl)*	parents
	parler	to speak
	passer	to spend (time)/to go past
	patient(e)	patient
le	**patin à glace**	ice skating
le	**patin à roues alignées**	rollerblading
la	**patinoire**	ice skating rink
la	**pause-déjeuner**	lunch break
le	**pays**	country
les	**pays francophones** *(m pl)*	French-speaking countries
	penser	to think
le	**perroquet**	parrot
la	**personne célèbre**	famous person
	petit (e)	small
le	**Petit Chaperon Rouge**	Little Red Riding Hood
le	**petit déjeuner**	breakfast
un	**peu plus tard**	a bit later
le	**phasme**	stick insect
la	**piscine**	swimming pool
la	**piscine chauffée**	heated swimming pool
le	**ping-pong**	table tennis
la	**plage**	beach
le	**plancher**	floor
la	**plongée sous-marine**	scuba diving
le	**pluriel**	plural
en	**plus**	what's more/extra
le	**poisson**	fish
	porter	to carry
	préféré (e)	favourite
	préférer	to prefer
	prendre	to take
le	**prénom**	first name
	préparer	to prepare
le	**problème**	problem
le/la	**professeur**	teacher
le	**prof de rêve**	dream teacher
la	**promenade**	walk
	promener	to take (the dog…) for a walk
la	**publicité**	advertisement
	puer	to stink

Q

	quand	when
le	**quart**	quarter
	quatre	four
	quelquefois	sometimes
	qu'est-ce que	what

R

	ranger	to put away, clear up
le	**rat**	rat
la	**récré/ la récréation**	school break
	regarder	to watch/to look
la	**règle**	ruler
	rencontrer	to meet
	rentrer	to return
	réparer	to repair
le	**repassage**	ironing
	répéter	to repeat
	répondre	to answer
se	**reposer**	to rest
	rester	to stay
en	**retard**	late
la	**rivière**	river
la	**robe**	dress
	rose	pink
	rouge	red

S

le	**sable**	sand
la	**salamandre**	salamander
la	**salle**	room
la	**salle à manger**	dining room
la	**salle de bains**	bathroom
	samedi	Saturday
les	**sciences** *(f pl)*	science
le	**séjour**	living room
	sept	seven
	septembre	September
	sérieux/ sérieuse	serious
le	**serpent**	snake
	sévère	strict
	s'il vous plaît	please
le	**singe**	monkey
le	**singulier**	singular
	six	six
le	**skateboard**	skateboarding
le	**ski nautique**	water skiing
le	**snowboard**	snowboarding
la	**sœur**	sister
le	**soir**	(in the) evening
	sortir	to go out
	sortir en ville	to go into town

	sous	under
le	**stade**	stadium
le	**stylo**	pen
	super	great
le	**supermarché**	supermarket
	sur	on
le	**surf**	surfing
	surfer	to surf
	surtout	especially

T

la	**table**	table
la	**tâche ménagère**	household task
le	**tarif**	price
la	**technologie**	D&T
	téléphoner (à)	to phone (someone)
le	**téléphone portable**	mobile phone
la	**télé/télévision**	television
le	**tennis**	tennis
la	**terrasse**	terrace
le	**texte**	text
le	**tigre**	tiger
	toujours	always
	touristique	touristy
	tourner	to turn
	tous les jours	every day
	tout droit	straight on
	tout est bien	all is well
	travailler	to work
	trois	three
	trop	too (much)
le	**trophée**	trophy
la	**trousse**	pencil case
se	**trouver**	to be situated

U

	un/une	a, one

V

les	**vacances** *(f pl)*	holidays
la	**vaisselle**	washing up
le	**vélo**	bicycle
	vendredi	Friday
le	**verbe**	verb
	vert (e)	green
la	**vidéo**	video
	vieux	old
le	**village**	village
la	**ville**	town
en	**ville**	in town
	voilà	here you are
	voir	to see
la	**voiture**	car
le	**volley**	volleyball
	vrai	true

Y

les	**yeux** *(m pl)*	eyes

Glossary
English/French

A

	adjective	l'adjectif *(m)*
	advertisement	la publicité
	after	après
(in the)	**afternoon**	l'après-midi *(f)*
	age	l'âge *(m)*
	agreed, OK	d'accord
	I don't agree	je ne suis pas d'accord
	also	aussi
	always	toujours
	and	et
to	**answer**	répondre
	apple	la pomme
to	**arrive**	arriver
	art	le dessin
	article	l'article *(m)*
to	**ask**	demander
	at last	enfin

B

	badly	mal
	basketball	le basket
	bathroom	la salle de bain
to	**be**	être
	beach	la plage
	beautiful	beau/belle
	because	parce que
	bed	le lit
	bedroom	la chambre
	before	avant
	behind	derrière
	big	grand (e)
	bicycle	le vélo
	bird	l'oiseau *(m)*
	black	noir (e)
	block of flats	l'immeuble *(m)*
	blue	bleu (e)
	boring	ennuyeux/ ennuyeuse
	bowling alley	le bowling
	boy	le garçon
school	**break**	la récré/la récréation
	brilliant	génial (e)
	brother	le frère
	brown	brun (e)
to	**brush your teeth**	se brosser les dents
	but	mais
	by the sea	au bord de la mer

C

	café	le café
	cake	le gâteau
	camping	le camping
	canoeing	le canoë-kayak
	canteen	la cantine
	car	la voiture
playing	**card**	la carte
	carpet	la moquette
to	**carry**	porter
	castle	le château
	cat	le chat
	CD	le CD
	chair	la chaise
	chest of drawers	la commode
	chips	les frites *(f pl)*
	chocolate	le chocolat
	church	l'église *(f)*
	cinema	le cinéma
	citizenship	l'éducation civique *(f)*
to	**clear (the table)**	débarrasser
	coffee	le café
	comic (strip)	la bande dessinée/ la BD
	computer	l'ordinateur *(m)*
	computer game	le jeu vidéo
	countryside	la campagne
to	**cut**	couper

D

	dance	la danse
to	**dance**	danser
	dangerous	dangereux/ dangereuse
	date	la date
	day	la journée
	difficult	difficile
	dinner	le dîner
	dining room	la salle à manger
to	**do**	faire
	dog	le chien
	dress	la robe
I get	**dressed**	je m'habille
	D&T	la technologie

E

	ear	l'oreille *(f)*
	easy	facile
to	**eat**	manger
	elephant	l'éléphant *(m)*
	English (subject)	l'anglais *(m)*
	English (nationality)	anglais (e)
to	**enter**	entrer
	entrance	l'entrée
	especially	surtout
	Europe	l'Europe *(f)*
	Euros (money)	Euros €
(in the)	**evening**	le soir
	every day	tous les jours
to	**explain**	expliquer
	eyes	les yeux *(m pl)*

F

	fair	juste
	family	la famille
	fantastic	fantastique
	farm	la ferme
	favourite	préféré (e)
to	**feed**	donner à manger
	flat	l'appartement *(m)*
	film	le film
to	**finish**	finir
	first name	le prénom
	fish	le poisson
	France	la France
	French (subject)	le français
	French (nationality)	français(e)
	Friday	vendredi
	friend(s)	l'ami *(m)*/l'amie *(f)*/les copains *(m pl)*
	fun	amusant(e)
	funny	drôle

G

	garden	le jardin
	geography	la géographie
	German (subject)	l'allemand *(m)*
	German (nationality)	allemand (e)
I	**get up**	je me lève
	giraffe	la girafe
	girl	la fille
(seeing)	**glasses**	les lunettes *(f pl)*
	gluestick	le bâton de colle
to	**go**	aller
to	**go into town**	sortir en ville
to	**go out**	sortir
to	**go past**	passer
to	**go shopping**	faire du shopping
	goodbye	au revoir
	great	super, chouette
	green	vert (e)
	grey	gris (e)
	guinea pig	le cochon d'Inde
	gymnastics	la gymnastique

H

	half	la demie
	hamster	un hamster
	handsome	beau
to	**hate**	détester
to	**have**	avoir
	hedgehog	le hérisson
	hello	bonjour
to	**help**	aider
	here you are	voilà
	hi-fi	la chaîne stéréo
	hippopotamus	un hippopotame
	history	l'histoire *(f)*
	hockey	le hockey
	holidays	les vacances *(f pl)*
at	**home**	à la maison
	homework	les devoirs *(m pl)*
	hoover	l'aspirateur *(m)*
	horse	le cheval (les chevaux *pl*)
	horseriding	l'équitation *(f)*
in/ at my	**house**	chez moi
	house	la maison
	household task	la tâche ménagère
	housework	le ménage
	husband	le mari

I

	ice skating	le patin à glace
	ice skating rink	la patinoire
	ICT	l'informatique *(f)*
	in	dans
	in front of	devant
	insect	l'insecte *(m)*
	intelligent	intelligent (e)
to be	**interested in**	s'intéresser à
	interesting	intéressant
to	**invite**	inviter
	ironing	le repassage
	it is	c'est
	it was	c'était

J

	jellyfish	la méduse
	judo	le judo

K

	karate	le karaté
	kind	gentil/gentille
	kitchen	la cuisine

L

	late	en retard
	later	plus tard
	left	(à) gauche
	less	moins
	lesson	le cours
to	**like**	aimer
to	**listen**	écouter
to	**live**	habiter
	living room	le séjour
	long	long
to	**love**	adorer
	lunch break	la pause-déjeuner

M

	map	la carte
	market	le marché
	maths	les maths *(f pl)*
to	**meet**	rencontrer
	member	le membre
	me neither	moi non plus
	me too	moi aussi
	medium-long	mi-long
	Mr	Monsieur
	Mrs	Madame
	mobile phone	le téléphone portable
	modern	moderne
	Monday	lundi
	monkey	le singe
	morning	le matin
	mountain	la montagne
	music	la musique

N

	name	le nom
	no	non
	noun	le nom

O

	octopus	la pieuvre
	of course	bien sûr
	old	vieux
	on	sur
	once (a week)	une fois (par semaine)
	only child	le fils/la fille unique
	open	ouvert
	or	ou
	orange	orange

P

	pair of scissors	la paire de ciseaux
	parents	les parents *(m pl)*
	park	le parc
	parrot	le perroquet
	patient	patient(e)
	PE	l'éducation physique *(f)*
	pencil	le crayon
	pencil case	la trousse
to	**phone (someone)**	téléphoner (à)
	pig	le cochon
	pink	rose
	plate	l'assiette *(f)*
to	**play**	jouer
to	**play some music**	jouer de la musique
	playground /yard	la cour
	please	s'il vous plaît
	plural	le pluriel
to	**practise**	s'entraîner
to	**prefer**	préférer
to	**prepare**	préparer
	pretty	belle

	problem	le problème
	pupil	l'élève *(m/f)*
	purple	mauve
to	**put away, clear up**	ranger

Q

	quarter	le quart

R

	rabbit	le lapin
	rat	le rat
to	**read**	lire
	reading	la lecture
	red	rouge
to	**repair**	réparer
to	**repeat**	répéter
to	**return**	rentrer
	right	(à) droite
	river	la rivière
	rubber	la gomme
	ruler	la règle
	rubbish	nul

S

	Saturday	samedi
	school	le collège, l'école
	science	les sciences *(f pl)*
	sea	la mer
to	**see**	voir
	see you soon	à bientôt
	serious	sérieux/sérieuse
	shop	le magasin
	shopping	le shopping, les courses
	short	court (e)
	shower	la douche
	singular	le singulier
	Sir	Monsieur
	sister	la sœur
to be	**situated**	se trouver
	skateboard	le skate/skateboard
	small	petit (e)
	snake	le serpent
it's	**snowing**	il neige
	so, well	alors
	sometimes	quelquefois
	son	le fils
	sorry	désolé
	Spanish (subject)	l'espagnol
	Spanish (nationality)	espagnol(e)
to	**speak**	parler
to	**spend (time)**	passer
	spider	l'araignée *(f)*
	squirrel	l'écureuil *(m)*
	stadium	le stade
to	**start, to begin**	commencer
to	**stay**	rester
	stick insect	le phasme
to	**stink**	puer
	stomach	l'estomac *(m)*
	story	l'histoire *(f)*
	straight on	tout droit
	strict	sévère
	subject	la matière
	suburbs	la banlieue
	summer	l'été *(m)*
	Sunday	dimanche
	supermarket	le supermarché
	surfing	le surf
to	**surf**	surfer
to	**swim**	nager
	swimming	la natation
	swimming pool	la piscine

T

	table	la table
to	**take**	prendre
	teacher	le/la professeur
	television	la télévision/télé
	text	le texte
	thank you	merci
	there is/ there are	il y a
to	**think**	penser
	Thursday	jeudi
	time/o'clock	l'heure *(f)*
	timetable	l'horaire *(m)*
	today	aujourd'hui
	tomorrow	demain
	too (much)	trop
	town	la ville
in the	**town centre**	au centre-ville
	tortoise	la tortue
	true	vrai
	Tuesday	mardi
to	**turn**	tourner
	TV programme	l'émission de TV *(f)*
	twice (a week)	deux fois (par semaine)
	two	deux

U

	under	sous
to	**understand**	comprendre

V

	verb	le verbe
	volleyball	le volley

W

	walk	la promenade
to	**walk (the dog)**	promener
	wardrobe	l'armoire *(f)*
to	**wash**	laver
	washing (clothes)	la lessive
	washing up	la vaisselle
to	**watch**	regarder
	Wednesday	mercredi
	weekend	le week-end
	well	bien
	what	quoi
	when	quand
	where	où
	winter	l'hiver *(m)*
	with	avec
to	**work**	travailler
	world	le monde
to	**write**	écrire

Y

	yellow	jaune
	yes	oui
	yesterday	hier